via reise trip

Wolfgang und Grażyna Kling

Danzig
& Ostseebäder

Symbole

via Tipp Lieblingsorte unserer Autoren

Highlight

1 Sehenswertes

1 Unterkünfte

1 Restaurants & Cafés

Hotels (DZ) & Pensionen in der Hauptsaison

€	bis 60 Euro (bis 240 zł)
€€	60–100 Euro (240–400 zł)
€€€	über 100 Euro (über 400 zł)

Inhalt

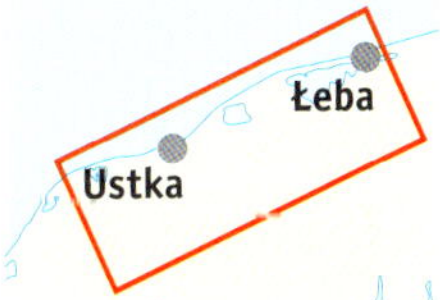
Łeba
Ustka

Darłowo
Kołobrzeg

Das gibt es nur in Danzig und an der polnischen Ostseeküste

Der Lange Markt

Der *Długi Targ* ist nicht nur Danzigs feinster Platz, sondern – so meinen wir – auch der schönste urbane Platz an der gesamten polnischen Ostseeküste. Umsäumt vom Rechtstädtischen Rathaus, dem Grünen Tor und grandiosen Giebelhäusern, verzaubert er wohl jeden Besucher (▸ Seite 49).

Darłówko

... ist der malerische Hafen der „königlichen Stadt" Darłowo (Rügenwalde). Der kleine Badeort an der Mündung der Wipper in die Ostsee war das erste Seebad Preußens. Es hat sich weitgehend den maritimen Charme eines Fischerortes bewahrt. Gerühmt werden die jodhaltige Meeresluft und die besonders feinkörnigen Strände (▸ Seite 135).

Schwarze Hochzeit in Kluki

Anfang Mai findet das traditionsreiche Slowinzen-Fest im Freilichtmuseum von Kluki statt. „Schwarze Hochzeit" nannte man die schwierige Arbeit im Torf. Die Folkloreveranstaltung hat sich mittlerweile zu einem bunten Volksfest entwickelt. Es gibt slowinzische Speisen und Musik, Trachten und allerlei slowinzische Bräuche zu bewundern (▸ Seite 117).

Mit dem Dampfer zur Halbinsel Hel fahren

Diese Anreise ist ein besonderes Vergnügen: Schiffe fahren von Sopot, Danzig oder Gdynia aus. Die schmale, 35 Kilometer lange Nehrung mit ihren fünf Fischerdörfern rahmt den Nordwesten der Danziger Bucht. Die puderweichen Sandstrände auf Hel zählen zum Besten, was die Küste Polens zu bieten hat (▸ Seite 97).

Die Seebrücke in Sopot

Vielleicht die schönste, auf jeden Fall die luftigste Flaniermeile des Seebads: Einen halben Kilometer geht's auf einer der längsten Seebrücken Europas hinaus aufs Meer. Hier lässt sich's prächtig promenieren, während unter den Füßen die Ostseewellen gurgeln (▶ Seite 76).

Die Wanderdünen von Łeba

An der slowinzischen Ostseeküste befindet sich eins der größten Wanderdünengebiete Europas. Als weiße Riesen wandern die Sandberge landeinwärts und begraben alles unter sich, was ihnen in den Weg kommt. Atemberaubend ist das Panorama von der 42 Meter hohen Lontzkedüne, großartig das Naturerlebnis bei der „Wüstenwanderung" im Slowinzischen Nationalpark (▶ Tour 3, Seite 112).

Ustronie Morskie

Fischbuden am kleinen Hafen, frischer Fisch, gebacken und geräuchert. Terrassen mit Meerblick, daneben raucht's und duftet's aus den Räucheröfen. Authentisches, uriges Lokalkolorit. Für uns im Sommer eins der schönsten Plätzchen an der Küste (▶ Seite 143).

Wolfgang und Grażyna Kling schrieben schon mehrere Bücher über die polnischen Seebäder und Regionen im Norden Polens. Grażyna stammt aus *Gdańsk* (Danzig), beide leben und arbeiten in Berlin und *Świnoujście* (Swinemünde).

Land & Leute

Danzig, die geschichtsträchtige Hanse- und Handelsstadt, präsentiert sich heute als weltoffene und höchst lebendige Kulturmetropole, während sich der Bädertourismus an den wunderbaren Sandstränden der ostpommerschen Küste zwischen Sopot und Kolberg immer größerer Beliebtheit erfreut. Hohe Dünen wandern im Slowinzischen Nationalpark.

▼ *Im Herzen der Danziger Rechtstadt: Die „Lange Brücke" mit Ausflugsschiffen*

Danzig und die Woiwodschaft Pommern
Die alte Stadt und das Meer

Pommern wendet sein Gesicht dem Meer zu. *Po morze* – am Meere gelegen – bedeutet sein Name auf Polnisch. Wenn Sie schöne Städte, malerische Ortschaften und gleichzeitig ursprüngliche Natur, das Meer, Seen und Flüsse ganz nah beisammen lieben, sind Sie in der polnischen Woiwodschaft Pommern haargenau richtig!

Exakt 524 Kilometer traumhafte Badestrände säumen die Ostseeküste Polens, annähernd 200 Kilometer sind es in der Woiwodschaft Pommern. Die feinkörnigen Sandstrände gehören europaweit zu den schönsten, einige steile Küstenabschnitte zu den spektakulärsten. Und dann ist da natürlich noch Danzig, die uralte Kulturmetropole, Hansestadt mit 1 000-jähriger Geschichte, das urbane Zentrum der Ostseeregion!

Oft nur wenige hundert Meter von der Küste entfernt liegen schilfumsäumte Strandseen. Dabei handelt es sich um ehemalige Haffs, die Dünenwälle im Laufe der Jahrhunderte ganz vom Meer abgeschnitten haben. Solche küstennahen Gewässer gibt es bei Koszalin und zwischen Ustka und Łeba – Wassersportzentren im Sommer, aber immer auch wichtige Vogelschutzgebiete, in denen Seeadler und Schwarzstörche nisten.

Noch mehr Wasser gibt es im Hinterland: Die Kaschubische Seenplatte liegt eingebettet in eine traumhafte, leicht gewellte Hügel- und Seenlandschaft. Ihr schönster Teil heißt Kaschubische Schweiz.

Auch einige Flüsse münden hier in das Baltische Meer. Sie machten einst Fischerdörfer zu bedeutenden Hafenstädten wie Kolberg, Ustka oder Łeba. Heute ist der pommersche Küstenstreifen wirtschaftlich gesehen in erster Linie Touristenland: Doch es lockt nicht nur Badespaß in seit Jahren wieder sauberen Gewässern! Pommern ist ein wahres Paradies für Naturliebhaber und Aktivurlauber, eine wunderbare Feriengegend sowohl für Individualtouristen als auch für Familien mit Kindern. Darüber hinaus wird hier die Reisekasse weit weniger strapaziert als an den meisten anderen europäischen Küstenregionen.

Sanfter Tourismus

Nachhaltigkeit und Naturschutz spielen in der polnischen Woiwodschaft Pommern eine immer größere Rolle. Man geht schonend um mit den natürlichen Ressourcen. Die Verantwortlichen haben offenbar aus eigenen Fehlern und aus den touristischen Katastrophen in anderen europäischen Küstenregionen gelernt. Ein Bauboom, der die Küstenwälder und die herrlichen Dünenlandschaften zerstören würde, blieb aus. Neue Hotelanlagen und Campingplätze fügen sich hier meist stimmig in die Landschaft.

Allerorts hat man historische Gebäude liebevoll restauriert, ehemalige Ferienheime modernisiert. Vor allem die größeren Seebäder sind mittlerweile spezialisiert auf Spa-, Wellness-, Thalasso- und Kuraufenthalte ihrer Gäste, hoch im Kurs stehen Aktivurlaub und Gesundheit.

▶ Woiwodschaft Pommern ◀

Polnische Bezeichnung: Województwo Pomorskie
Verwaltungssitz: Gdańsk (Danzig)
Fläche: 18 310 km²
Bevölkerung: ca. 2 265 000, davon etwa 228 000 Kaschuben
Arbeitslosenquote: 4,6 % (Stand März 2019)
Wirtschaft: Bäder-Tourismus an der Küste, die Dreistadt ist Wirtschafts- und Handelszentrum

Hierfür herrscht schließlich das ganze Jahr über Nachfrage – nicht nur in den beiden Hochsaisonmonaten. Die natürlichen Voraussetzungen sind gegeben: Thermalquellen, heilsame Moore und nicht zuletzt gratis das gesunde Mikroklima mit dem hohen Jodgehalt der Luft.

Alte Kulturen & das Gold der Ostsee

Die Küste hat touristisch viel zu bieten. Sie lässt sich in der Woiwodschaft Pommern in die kaschubische Küste im Osten und die slowinzische Küste im Westen einteilen. An der slowinzischen Küste liegt ein besonderes Highlight, besser gesagt, es wandert dort herum. Die grandiosen Wanderdünen im Slowinzischen Nationalpark sind ein atemberaubendes Naturphänomen (▶ Tour 3, Seite 112).

Obendrein gibt es viel ursprüngliche Kultur zu entdecken. Etwa im slowinzischen Freilichtmuseum in Kluki oder im kaschubischen Freilichtmuseum von Wdzydze Kiszewskie (Sanddorf). Kulturelle Zentren sind die Städte Koszalin und Słupsk, das ehemalige Stolp, und natürlich Danzig, die Stadt mit tausend Jahren Kulturerbe auf dem Buckel. Die Hauptstadt der Woiwodschaft ist zugleich die Hauptstadt des Bernsteins:

Strandleben an der Küste bei Jastrzębia Góra (Habichtsberg)

Buntes Leben vor strahlenden Fassaden in Danzigs wiederaufgebauter Innenstadt

Bernsteinschmuck in allen Variationen wird hier nahezu an jeder Ecke angeboten, den feinsten mit großer Qualität findet man in den eleganten Kellerläden der schönsten Danziger Gasse, der Frauengasse (ul. Mariacka).

Wirtschaftliche Probleme

Der Küstentourismus in den Seebädern boomt. Viele deutsche Urlauber, vor allem mit Kindern, kommen in den Sommermonaten, deutsche Rentner zu Kuraufenthalten auch gerne in der Nebensaison. Doch das Fischereigewerbe an der pommerschen Küste weist seit Jahren rückläufige Zahlen auf. Die EU-Regelung, die finanziell den belohnt, der den Fischfang aufgibt, tat ihr Übriges.

Auch Pommerns Bauern kämpfen ums Überleben. Die polnische Landwirtschaft ist international kaum konkurrenzfähig, liefert allerdings überwiegend ökologisch produzierte Lebensmittel. Fast 45 Prozent der Woiwodschaftsfläche sind als landwirtschaftliche Fläche ausgewiesen, Klee, Hafer und Roggen wachsen hier überall. Wo die Böden eher leicht und sandig sind, gedeihen anspruchsvollere Nutzpflanzen nur sehr schlecht. Pommerland war und ist Kartoffelland (▸ Seite 30).

Danzigs berühmte Werft ging in den 1990er-Jahren trotz hoher staatlicher Subventionen pleite: Die hier gebauten Schiffe waren zu teuer. Noch in den 1980er-Jahren war die Werft das nationale Schiffsbausymbol und fast 17 000 Menschen hatten dort ihren Lebensunterhalt verdient. Nach gewaltigen Umstrukturierungen gehört die Schiffswerft von Danzig heute wieder zu den größten Werften Polens. Mittlerweile belegt der Danziger Tiefwasser-Containerhafen mit seinen rasant steigenden Umschlägen hinter St. Petersburg den zweiten Platz in der Ostsee. Die Arbeitslosenzahlen in der Woiwodschaft Pommern waren bis zur Corona-Pandemie stark zurückgegangen.

Bernstein

Bernstein ist versteinertes Baumharz zugrunde gegangener Nadelwälder aus dem frühen Tertiär und damit 40 bis 45 Millionen Jahre alt. Vor allem eiszeitliche Verschiebungen sind für die großen Bernsteinvorkommen an der Ostsee verantwortlich. Der Name leitet sich vom mittelhochdeutschen „Börnsten" ab, was „brennbarer Stein" bedeutet.

Schon die alten Pruzzen schätzten die honiggelben Klumpen, die sie aus ihren Küstengewässern fischten oder an den sandigen Gestaden einsammelten. Schließlich war die Nachfrage enorm. Schon in den ersten Jahrhunderten exportierte man die rohen Steine über die vier legendären Bernsteinstraßen bis nach Rom, von wo sie nach Syrien und Ägypten gelangten. Nach der gewaltsamen Christianisierung der pruzzischen Stämme sicherte sich der Deutsche Orden ab 1308 das Bernsteinmonopol mitsamt dem Eigentumsrecht an sämtlichen Funden im Ostseeraum. Zuwiderhandlungen ahndeten die Rittermönche kurzerhand mit dem Tod durch Erhängen. Im Jahre 1533 ging das Nutzungsrecht an den Danziger Kaufmann Koehn von Jaschke über.

Danzig ist seit Jahrhunderten das Zentrum der Bernsteinbearbeitung. Ein Großteil des weltweit industriell gewonnenen Bernsteins kommt aus dem Tagebau in der russischen Oblast Kaliningrad. Die meisten Steine werden nach Danzig verkauft, wo sie von zahlreichen Kunsthandwerkern veredelt und zu Schmuck verarbeitet werden. So begegnet man der „edlen Gabe der Ostsee" in der gesamten Dreistadt auf Schritt und Tritt.

Das letzte große Bernsteinkunstwerk gab der preußische König Friedrich I. in Auftrag: Das seit 1945 verschollene legendäre Bernsteinzimmer, das russische Künstler mittlerweile rekonstruiert haben. In der Danziger Brigittenkirche entsteht zurzeit ein monumentaler Bernsteinaltar. Und das neue, ufo-förmige Danziger Fußballstadion ist honiggelb und trägt natürlich den Namen „Bernsteinstadion".

Architektur
Von Backstein bis Bauhaus

Trotz der starken Verwüstungen im Zweiten Weltkrieg blieben im östlichen Pommern und im Nordosten Polens großartige Baukunstwerke aus verschiedenen Epochen erhalten. Einige von ihnen überstanden gänzlich unversehrt das Inferno des Krieges, andere wurden originalgetreu und mit viel Liebe fürs Detail wiederaufgebaut.

Zu den letzteren zählen die architektonischen Highlights der Region: die von außen wie innen höchst eindrucksvolle Deutschordensburg in Marienburg (Malbork) und natürlich das wie ein Wunder auferstandene historische Zentrum von Danzig, das seit 1945 den polnischen Namen Gdańsk trägt. Allerdings wurde die einst auch architektonisch einheitliche Kulturlandschaft entlang der seit 1945 polnischen Ostseeküste weitgehend zerstört. Insgesamt dominiert hier heute ein Stilmix aus vergangenen Jahrhunderten, der realsozialistischen Nachkriegszeit sowie der Moderne.

Baustein der Hanse

Trotzdem ist noch immer unübersehbar, dass vom Mittelalter bis ins 20. Jahrhundert ein bestimmter Baustoff die Architektur der gesamten Region prägte: roter Backstein. Vor allem der Mangel an Natursteinen zwang die Baumeister zur Nutzung von Tonarten, die in den Ebenen am Baltischen Meer im Überfluss vorhanden sind.

So wurde der intensiv rote Backstein zum Markenzeichen besonders der hanseatischen Architektur an der ganzen südlichen Ostseeküste. Aus Backstein entstanden ab dem 13. Jahrhundert die Zentren der hanseatischen Städte: Rechteckige Märkte mit dominanten Rathäusern, prachtvolle Handelshäuser, filigran verzierte Bürgerhäuser, stattliche Speicher und Mühlen, wehrhafte Stadtmauern und -tore, Klosteranlagen und nicht zuletzt mächtige, monumentale Backsteinkirchen. An der polnischen Ostseeküste sind solche architektonischen Besonderheiten in erster Linie noch in der alten Hansestadt Danzig zu finden.

Backsteingotik

Während aus mittelalterlicher Zeit nicht viel erhalten ist, stößt man in fast allen polnischen Ostseestädten noch heute auf bemerkenswerte Ziegelbauten aus der Gotik, darunter Kirchen und Klosteranlagen, Schlösser, Burgen, Tore sowie Reste von Stadtmauern. In Danzig steht mit der **Marienkirche** sogar die größte gotische Backsteinkirche der Welt (▸ Seite 56). Und wenige Kilometer südöstlich von Danzig entfernt thront am Ufer der Nogat Europas größte Burg- und Schlossanlage in rotem Backstein, die **Marienburg** des Deutschen Ordens (▸ Seite 88).

Weitere bedeutende Bauwerke dieser Epoche sind unter anderem das Herzogsschloss in Darłowo (Rügenwalde) und die gotischen Kathedralen in Koszalin (Köslin), Słupsk (Stolp) und Oliwa (Oliva). In diesem Danziger Stadtteil bewahrte das Gotteshaus mit seiner berühmten Orgel über die Jahrhunderte das Erscheinungsbild einer monumentalen ro-

Danziger Stil: Explodierende Kanonenkugel auf dem Giebel des Zeughauses

manisch-gotischen Kathedrale. Nur die doppeltürmige Westfassade hat man im späten 17. Jahrhundert barock umgestaltet. Im Stil der Renaissance erscheint heute das ursprünglich gotische Schloss in Słupsk. In diesem reizenden hinterpommerschen Städtchen befinden sich noch weitere mittelalterliche Baudenkmäler, wie etwa das Mühlentor und die Schlossmühle von 1310, die zu den ältesten Industriegebäuden Polens gehört.

Karierte Häuser

Ein besonderes Kulturerbe der Region sind die wunderbar restaurierten Fachwerkhäuser vorwiegend des 19. Jahrhunderts in den Bilderbuchdörfern des **„Karierten Landes"** zwischen Darłowo und Ustka (▶ Seite 125). Der Hauptort Swołowo wurde zum Europäischen Kulturerbe erklärt. Die älteste erhaltene Fachwerkkirche Pommerns steht in Objazda (Wobesde) südlich des Seebads Rowy. Sie stammt aus dem Jahre 1606.

Schatzkästlein der Architektur

Ein Spaziergang durch die Hafen- und ehemalige Hansestadt Danzig gleicht einer Reise durch die architektonischen Stilepochen Europas, doch es dominiert und fasziniert dabei der besondere **„Danziger Stil"**, der zum **Manierismus** gezählt wird. Er darf als Ausdruck der unruhigen Umbruchszeit zwischen etwa 1520 und 1620 gesehen werden, während der sich in Europa sowohl das Weltbild als auch das Lebensgefühl der Menschen entscheidend wandelte. Die Reformation hatte die religiöse Einheit des Mittelalters gesprengt, die Wissenschaften revolutionierten die alten Weltanschauungen, die zu entdeckenden Möglichkeiten der Neuen Welt traten ins Blickfeld.

Zu den typischen Charakterzügen des Manierismus gehört eine virtuose Vielfalt an architektonischen und dekorativen Elementen, wobei kapriziöse Motive und allegorische Darstellungen ebenso vorherrschen wie

Ortstypische Holzveranden in Sopot

eine extravagante Vorliebe für das Groteske und Überraschende. Ein charakteristisches Beispiel: Die Spitzen der Giebel des Großen Zeughauses in der Danziger Rechtstadt ließ der holländische Baumeister Antoni van Obberghen mit Bronzeplastiken berstender Kanonenkugeln schmücken. Da der Danziger Stil von mehreren berühmten niederländischen Architekten geprägt wurde, spricht man auch vom „Niederländischen Manierismus".

Bauhaus & Bäderarchitektur

Eine ganz besondere Architektur erwartet den Besucher in Gdynia (Gdingen). Die Stadt wurde ausschließlich in der Zwischenkriegszeit errichtet. Die modernistischen Gebäude in der Innenstadt stammen aus den 1920er- und 1930er-Jahren. Es sind höchst kreative Arbeiten polnischer Architekten in Anlehnung an die Bauhaus-Architektur.

Das ehemals mondäne Ostseebad Sopot (Zoppot) unternimmt seit mehr als zwei Jahrzehnten erhebliche Anstrengungen, um an seine große Vergangenheit als Weltbad anzuknüpfen. Aus deutscher Zeit erhalten geblieben sind hier viele Strandhäuser mit den ortstypischen Holzveranden. Auch zahlreiche **Jugendstilvillen** aus der Zeit um 1900 überstanden die Weltkriege. In der Oberstadt gibt es noch einige Straßenzüge, in denen sich eine noble Residenz an die andere reiht.

Doch auf typische Merkmale der Ostsee-Bäderarchitektur aus der Zeit um 1900 trifft man auch in Sopots Unterstadt, ebenso in anderen älteren Seebädern wie Kolberg, Ustka oder Łeba. Es handelt sich dabei um einen unbekümmerten Mix aus verschiedenen Stilepochen, wobei klassizistische Elemente dominieren. Vor allem das wohlhabende Großbürgertum liebte es, seine mondänen Strandvillen mit großzügigen Freitreppen, Holzloggien mit filigranen Verzierungen, mit Türmchen und Erkern, mit Reliefs an den Fassaden, Jugendstilfenstern und Dachreitern, barocken Putten und Simsen sowie allerlei Laubsägefantasien zu schmücken. Mit dem Aufkommen des Bädertourismus hat man später auch Pensionen, Kurhäuser, Pavillons und Seebrücken „bäderarchitektonisch" gestaltet.

Das Rechtstädtische Rathaus ist ein architektonischer Höhepunkt in Danzig ▸

Wie Phönix aus der Asche
Die Rekonstruktion Danzigs

Der Wiederaufbau der nahezu vollständig zerstörten Hansestadt an der Mottlau war eine restauratorische und handwerkliche Leistung, die ihresgleichen sucht. Auferstanden aus Ruinen und wiederbelebt: Die Plätze und Gassen mit den prächtigen Patrizierhäusern, den gewaltigen Backsteinkirchen, den weltbekannten Wahrzeichen und Denkmälern.

Nachdem Ende März 1945 die Rote Armee und polnische Militäreinheiten Danzig eingeschlossen hatten, wird die Stadt tagelang bombardiert. Beträchtliche Teile der Innenstadt brennen nieder. Allerdings hätten sich zu diesem Zeitpunkt die Schäden wohl noch beheben lassen, die Kapitulation vorausgesetzt. Doch von höchster Parteistelle in der Reichshauptstadt wird Danzig zur Festung erklärt, kapituliert wird nicht. So erfolgt die Vernichtung der tausendjährigen Stadt nach ihrer Befreiung.

Ein Trümmermeer

In den ersten Apriltagen ist Danzig schließlich zu 95 Prozent verwüstet. Zurück blieben ausgebrannte Ruinen und drei Millionen Kubikmeter Trümmer. Dem Erdboden gleich gemacht oder stark beschädigt sind unter anderem 6000 Gebäude, zwanzig Stadt- und Wehrtürme, 174 historische Speicher, zwölf Kirchen, drei Klöster sowie 1000 herrliche Patrizierhäuser – sämtliche architektonische und historische Highlights. Die Marienkirche, das Rechtstädtische Rathaus, das Krantor – eine der schönsten Städte Europas scheint für immer verloren.

Im Jahre 1952 beschließt die polnische Regierung den Wiederaufbau der Danziger Rechtstadt im historischen Baustil. Zum Glück! Denn es hätte nicht viel gefehlt und der politisch gewichtige Gegenentwurf wäre Realität geworden. Er sah vor, anstelle des alten, vormals deutschen Danzigs, ein durch und durch modernes Stadtzentrum mit Stahlbeton an der Mottlau hochzuziehen.

Das neue, alte Gesicht Danzigs

Als Gdańsk ist Danzig aus seinen Trümmern auferstanden. Alte Skizzen, Fotos und Pläne dienten den Restauratoren als Vorlage. Allerdings bekommt der gigantische Wiederaufbau, der gewissermaßen bis heute noch nicht abgeschlossen ist, ein durchaus eigenes Gesicht. Es handelt sich keineswegs um die pure Rekonstruktion des Vorkriegs-Danzigs. Man hat das alte historische Zentrum, die Rechtstadt, nun lichter und teilweise weiträumiger gestaltet. Wo zuvor Hinterhäuser standen, liegen heute Gärten, Spielplätze

Das neue, alte Gesicht Danzigs ist wunderschön

und helle Höfe. Auch Teile längst vergangener mittelalterlicher Pracht sind wiedererstanden ebenso wie die einst typischen Beischläge, die breiten terrassenähnlichen Aufgänge zu den Patrizierhäusern, die bereits 1868 dem Bau der Kanalisation hatten weichen müssen.

Es gibt Stimmen, die behaupten, der Wiederaufbau habe das zerstörte „preußisch-pommersche Danzig" des 19. Jahrhunderts in eine niederländische Barockstadt verwandelt. So äußerte sich etwa der bekannte polnische Schriftsteller Stefan Chwin, 1949 in Gdańsk geboren.

Grenzen der Rekonstruktion

Heute verzaubern die bunten, verzierten Fassaden der wiederaufgebauten Danziger Bürgerhäuser jeden Passanten. Voller Anmut sind die engen, gepflasterten Gassen, die alten Türstürze und die zahlreichen Figurenreliefs, die man aus den Trümmern geborgen hat. Auch dem filigranen barocken Schnörkel haftet der Zauber vergangener Größe an.

Genießen wir diese neue wunderbare Stadt! – im Bewusstsein um die Grenzen der Wiederherstellung. Auch wenn sich Gdańsk heute Touristen aus aller Herren Länder öffnet – die einzigartige multikulturelle, hafenstädtische Atmosphäre des untergegangenen Danzig ließe sich ohnehin nicht mehr rekonstruieren.

Polnische Lebensart

Zwischen Tradition und neuer Freiheit

Andere Länder, andere Sitten! Tradition und Religion werden in Polen großgeschrieben. Die katholische Kirche versorgt ihre Gläubigen mit einer handfesten Lebensmoral und die Gotteshäuser sind zur Sonntagsmesse brechend voll. Doch vor allem im Westen und Norden des Landes bröckeln die althergebrachten Werte zusehends.

Glaube & traditionelle Werte

In Sachen Glaube und Religion gibt es in Polen keine regionalen Unterschiede wie etwa in Deutschland: Unsere Nachbarn sind zu rund 95 Prozent katholisch. Über die Jahrhunderte und noch bis in die Gegenwart hinein ist die strenge **Religiosität** und schier inbrünstige **Frömmigkeit** der meisten Polen fast unverändert geblieben. In wohl keinem anderen christlich geprägten Land werden so viele neue Kirchen gebaut. Und wer am Sonntagmorgen im Lande unterwegs ist, bemerkt sofort, dass es trotzdem immer noch an Gotteshäusern mangelt. Kaum eine Kirche, die zur Sonntagsmesse nicht von Gläubigen überquillt, sodass zahlreiche den Gottesdienst draußen vor der Tür verfolgen müssen.

Und doch hat die Formel „polnisch = katholisch" in den letzten Jahren zumindest in der Praxis Risse bekommen. Nur noch rund ein Drittel der polnischen Katholiken hält sich konsequent an die Glaubens- und Lebensregeln ihrer Kirche. Grund: Der Klerus versuche zu sehr, sich in die Tagespolitik und in die Privatsphäre einzumischen. So demonstrierten in den letzten Jahren etwa Tausende Frauen

Kein ungewöhnliches Bild: Gläubige vor überfüllter Kirche in Kolberg

Polnisch

Das Polnische gilt als die komplizierteste slawische Sprache. Für die deutschsprachige Zunge ist die polnische Aussprache ein Graus und geradezu Schwerstarbeit. Man mag kaum glauben, dass einem irgendwann das Kunststück gelingen könnte, grandiose Zungenbrecher wie *w stizebrzeszynie chrząsz brzmi w tczcinie* verständlich über die Lippen zu bringen. Dazu kommt es bei den stark von Konsonanten und vielen Zischlauten geprägten Wörtern auf eine exakte Aussprache an, um sogleich verstanden zu werden.

Die meisten Polen in den touristischen Zentren haben sich längst auf radebrechende Ausländer eingestellt. Außerdem haben mittlerweile viele junge Polen neben Englisch auch Deutsch gelernt. In den größeren Hotels gibt es keine Verständigungsprobleme, hier spricht man an der Rezeption fast durchweg Deutsch.

Auffallend ist der enorme Redeschwall der Polen, der in einem atemberaubenden Tempo vorgetragen wird. Die Stimmen erreichen dabei – je nach Stimmungslage – für unsere Ohren ungewohnte Tiefen, aber vor allem sensationelle Höhen.

gegen die rigorosen Abtreibungsgegner in Kirche und Staat.

Die 2019 wiedergewählte Regierung der streng nationalkonservativen **Partei Recht und Gerechtigkeit (PiS)** um ihren Vorsitzenden Jarosław Kaczyński hat eine „antipolnische Verwestlichung" in der Gesellschaft ausgemacht. Seit Beginn ihrer Regierung im Jahr 2015 werden unter anderem die öffentlichen und privaten Medien stark kontrolliert sowie wichtige Positionen im Justizapparat mit regierungsfreundlichem Personal besetzt. Mit schrillen Tönen und antidemokratischen Aktionen agieren sie gegen den „sittlichen Verfall" in Polen. Nun wollen sie wieder „christliche und nationale Werte" in den Vordergrund rücken. Religiös-ideologische Unterstützung bekommen sie dabei von dem erzkonservativen katholischen Privatsender *Radio Maryja*.

Musik

Musik – von Folklore über Klassik bis zu Pop und Jazz – ist ein fundamentaler Bestandteil der polnischen Kultur. Polen haben den **Jazz** im Blut, sagt man. Polnische Jazzgrößen wie Tomasz Stańko, Krzysztof Komeda, Michał Urbaniak, Władysław Pawlik und Urszula Dudziak sind weit über die Grenzen Polens hinaus berühmt. Der polnische Jazz gilt als besonders tief empfunden, fast spirituell. In den Kompositionen finden sich daher auch Anleihen bei sakraler Musik, aber auch bei Folklore und Klezmer.

Überall, auf Festivals ebenso wie in vielen Musikcafés und Tanzclubs trifft man auf die enorme Beliebtheit und Vitalität des Polski-Jazz. Und dazu wird getanzt, überall! Im Sommer werden dann oft spontan die Terrassen der Restaurants, Pubs und Strandbars zu Dancefloors.

Polnische Küche
Deftig & bodenständig

Große regionale Unterschiede der polnischen Küche gibt es kaum noch, seit sich die Bevölkerungsgruppen aus den verschiedenen Landesteilen durch die großen Umsiedelungen nach dem Zweiten Weltkrieg „vermischt" haben. Von Einheitsbrei in den polnischen Kochtöpfen kann aber keine Rede sein!

Die polnische Küche ist abwechslungsreich: Es gibt Verschmelzungen mit der litauischen, der ukrainischen, der jüdischen und der alten österreichisch-ungarischen Küche. Seit dem EU-Beitritt hat sie sich – hauptsächlich in den Restaurants – europäisiert. Vor allem in den touristischen Zentren hat sich die polnische Hausmannskost zu einer volkstümlichen High-Class-Küche gemausert.

Räucherfisch – an der Küste beliebt

Frisch vom Kutter

Regionale Elemente liegen im Trend, auch im Sinne einer Wiederentdeckung der traditionellen pommerschen, kaschubischen und der slowinzischen Küche. **Fisch,** *ryba,* ist an der Küste natürlich in (fast) aller Munde, oft fangfrisch direkt vom Kutter. Gebacken *(ryba smażona),* geräuchert *(ryba wędzona)* oder gekocht *(ryba gotowana):* Viele Urlauber schwören auf den leckeren Fisch der zahlreichen Buden, Restaurants und Räuchereien an der Küste.

Kraut & Rüben

In schier unglaublicher Vielfalt gibt es Suppen, wie etwa *żurek,* die saure Roggenmehlsuppe, *barszcz,* die Rote-Bete-Suppe oder *flaki,* die berühmte Kuttelsuppe. Der urpolnische Klassiker ist aber zweifellos der *bigos,* eine Art Krautgulascheintopf mit Sauerkraut, Weißkohl, Schweinefleisch, Wurststückchen, Speck, getrockneten Pilzen, Pflaumen, Kümmel und Zwiebeln. Er schmeckt aufgewärmt besonders gut.

Die Polen lieben den Festschmaus, langes und genussvolles Speisen. Von grünem Salat hält man noch immer eher wenig, der ist für Hasen und Kaninchen, meint der Volksmund. Das ganze Jahr über wird aber in den Restaurants als Beilage der legendären Rohkostteller *surówka* serviert – verschiedene Krautsorten, eingelegte Karotten, Sellerie und Rote Bete.

Auch wenn mittlerweile immer mehr Restaurants vegetarische und vegane Gerichte anbieten, haben Vegetarier es im östlichen Nachbarland nicht ganz leicht. Die *kuchnia wegetariańska* bzw. *kuchnia wegańska* stecken noch in den Kinderschuhen.

Tee & Wodka

Die Polen sind leidenschaftliche **Kaffee- und Teetrinker.** Beim Kaffee auf polnische Art wird das Pulver aufgebrüht, der Kaffeesatz bleibt also in der Tasse. *Kawa po turecku* (auf Türkisch) nennt man diese Art der Zubereitung. Zu Hause wird Tee gerne und nach alter Sitte in Gläsern gereicht, an denen man sich die Finger verbrennt, weil sie keine Henkel haben.

Zum Essen trinken vor allem Männer gerne **Bier,** *piwo*. Polnische Frauen genießen das Getränk gern mit einem Schuss Himbeer- oder Granatapfelsirup als *piwo z sokiem*. Zu den renommiertesten polnischen Biersorten gehören *Żywiec, Tyskie, Lech, Okocim* und *Warka*. In den Küsten-Woiwodschaften Westpommern und Pommern hat man mittlerweile alte regionale Brautraditionen wiederentdeckt.

Wodka ist obligatorisch bei familiären Zusammenkünften und wird dann schon zur Vorspeise getrunken, um den Magen anzuregen, später, um sich bei Laune zu halten. Übersetzt heißt wódka ganz harmlos „Wässerchen". Trink das Wässerchen nie allein, heißt es im polnischen Sprichwort, sonst wirst du auch allein zu Grabe getragen. Bevorzugt aus dem reichhaltigen Angebot werden *Wyborowa,* der Roggenwodka *Żytnia,* die Luxusmarke *Chopin* und *Zubrówka* mit dem Wisentgras in der Flasche, das im Urwald von Białystok wächst. In diesem Sinne: *Na zdrowie!* Prost!

Typische polnische Gerichte

Golonka: Eisbein
Szaszłyk: Schaschlik
Kaszanka: Blutwurst, gekocht oder gebraten
Kaczka z jabłkami: Ente mit Äpfeln
Kurczak: Huhn
Barszcz: Rote-Bete-Suppe (Borschtsch)
Flaki: Kutteln in Fleischbrühe
Pierogi: Teigtaschen gefüllt mit Fleisch, Sauerkraut, Pilzen, Weißkäse oder Obst
Gołabki: Kohlrouladen
Kotlet schabowy: paniertes Schweinekotlett
Karkówka: Nackensteak
Żurek: Saure Roggenmehlsuppe mit Wurst- und Eieinlage
Rosół: Rinds-Boullion mit Nudeleinlage
Naleśniki: Pfannkuchen mit süßer Füllung
Babka: Hefekuchen mit kandierten Früchten oder Rosinen

Pommern & Danzig im Lauf der Zeit

Vor- und Frühzeit

Die erste nachgewiesene Besiedlung des Danziger Raumes findet in der Jungsteinzeit statt, etwa 3 000–1 700 v. Chr. Damals geht der Mensch im Norden Europas zur sesshaften Lebensform des Ackerbauern über.

Wichtige Handelswege führen bereits vom Süden und Südosten Europas in das Gebiet der Weichselmündung: Die Bernsteinstraße verläuft vom Mittelmeer zum Baltischen Meer, um 500 v. Chr. führen eine etruskische Handelsstraße von Mittelitalien und eine Handelsverbindung vom Schwarzen Meer aus bis zur Danziger Bucht.

Für das 9. Jahrhundert ist eine slawische Siedlung auf dem Gebiet des heutigen Rechtstädtischen Rathauses und des Langen Marktes von Danzig nachgewiesen.

966

Zwischen 880 und 960 schließen sich mehrere slawische Stämme zusammen. An der Ostseeküste siedeln die Pomoranen („die am Meer leben"). Daraus leitet sich später der Name Pommern ab. Die Führungsrolle übernehmen aber die im Gebiet von der Warthemündung in die Oder bis zur mittleren Weichsel siedelnden Polanen („Feldbewohner"). Ihr Herzog Mieszko I. begibt sich unter die Lehnshoheit des deutschen Kaisers Otto I. und nimmt 966 mit seinem Volk das Christentum an. Dieser Taufakt nach lateinischem Ritus gilt gemeinhin als Gründung Polens.

997

Erste Erwähnung der Fischersiedlung an der Mottlau als „urbs Gyddanyzc".

11.–13. Jahrhundert

Das „castrum Kdanzk in Pomerania" wird Hauptstadt des Fürstentums Pomerellen. Um den heutigen Danziger Langen Markt ensteht eine Kaufmannssiedlung, Zuwanderer, vorwiegend Deutsche aus Lübeck, siedeln sich hier neben den slawischen Einwohnern an. 1224 erhält die Siedlung das Lübische Recht.

1225

Konrad von Masowien bittet den Deutschen Ritterorden um Hilfe bei der Christianisierung der heidnischen Pruzzen östlich der Weichsel – der Beginn der christlichen Kolonisierung im nördlichen Osteuropa.

1361

Die Danziger Rechtstadt wird Mitglied der Hanse.

1440

19 Städte, darunter die Danziger Recht- und die Altstadt, schließen sich zum „Preußischen Bund" gegen die deutschen Ritter zusammen.

1454

Danziger Bürger zerstören die Deutschordensburg am Fischmarkt. Kurz darauf erhält Danzig Privilegien und wird zur „unabhängigen Stadtrepublik" im Königreich Polen.

1457–1793

Wirtschaft, Künste und Wissenschaften der „Stadtrepublik" florieren, die herrlichen Patrizierhäuser der Rechtstadt entstehen und die riesigen Speicher an der Mottlau werden errichtet – gefüllt vor allem mit Getreide aus Polen, das über die Ostsee verschifft wird. Die steinreichen Danziger Patrizier sichern sich das Privileg, fast den gesamten Seehandel Polens zu kontrollieren. Man spricht vom Goldenen Zeitalter Danzigs.

1772, 1793 und 1795

Die Polnischen Teilungen: Polen wird unter die Großmächte Preußen, Österreich und Russland aufgeteilt. Preußen besitzt die gesamte Ostseeküste und das Hinterland. 1793 wird Danzig preußisch.

1807–1813

1807 wird Danzig von französischen Truppen besetzt, was die Bevölkerung zunächst mehrheitlich begrüßt: Man erhofft sich von Napoleon eine Befreiung von der preußischen Herrschaft. Stattdessen beginnen eine unvorstellbare Leidenszeit der Bevölkerung und die völlige finanzielle Auszehrung. 1810 hat die Stadt nur noch rund 37 000 Einwohner, 1807 waren es noch 80 000.

Stadtplan von Danzig aus dem Jahre 1687

1815–1919

1815 gliedert der Wiener Kongress Danzig wieder in das preußische Königreich ein. Der Schiffsbau wird Anfang des 19. Jahrhunderts zum wichtigsten Industriezweig der Stadt. 1870 wird die Bahnverbindung von Danzig nach Stettin eröffnet, womit auch der Anschluss nach Berlin gewährleistet ist. Weitere Zugverbindungen bringen den Ostseestädten einen wirtschaftlichen Aufschwung. Erste Hochzeit des Ostseetourismus.

1920–1939

1920 erfolgt die Konstituierung des Staates „Freie Stadt Danzig" gemäß dem Versailler Vertrag. Danzig untersteht dem Protektorat des Völkerbunds. Polen wird ein freier Zugang zum Meer zugesichert. Bei Gdingen entsteht ein polnischer Seehafen im nur wenige Kilometer breiten „Polnischen Korridor".

Im November 1938 brennen die Synagogen in Danzig-Stadt, Langfuhr und Zoppot. 6000 Juden müssen wenige Monate später die Stadt verlassen. Hitler erklärt im April 1939 unmissverständlich: „Danzig ist eine deutsche Stadt und will zu Deutschland!"

1939–1945

Das deutsche Schulschiff „Schleswig-Holstein" löst am 1. September 1939 mit der Beschießung des Munitionsdepots auf der Westerplatte den Zweiten Weltkrieg aus. Danzig wird ins Reich „heimgeholt".

Nur einen Tag später errichten die Nazis in Stutthof (Sztutowo), 37 Kilometer östlich von Danzig, ein Konzentrationslager. Hier werden während der Nazidiktatur mindestens 65000 Häftlinge qualvoll zu Tode kommen.

Ende 1944 gibt Hitler für die Stadt Danzig den Befehl, dass sie „bis zu ihrer Vernichtung" verteidigt werden muss. So geschieht es.

nach 1945

Polen bekommt neue Grenzen. Die Westgrenze wird die Oder-Neiße-Linie, die Ostgrenze die Curzon-Linie nach erfolgter Westverschiebung Polens zugunsten der Sowjetunion. Die ansässige deutsche Bevölkerung war schon vor Kriegsende geflüchtet oder wird nach dem Krieg vertrieben. Polen aus den ehemaligen polnischen Ostgebieten werden an ihre Stelle umgesiedelt. Polen wird zur Volksrepublik.

Der Hafen von Gdańsk entwickelt sich zum größten polnischen Hafen, 1970 beschäftigt die Danziger Lenin-Werft rund 18000 Arbeiter.

1970 & 1980

Im Dezember 1970 verordnet die Regierung Preiserhöhungen. Danziger Werktätige besetzen daraufhin das Hauptquartier der Miliz. Der Aufstand wird blutig niedergeschlagen.

Im August 1980 besetzen die Arbeiter der Lenin-Werft ihren Betrieb und treten in den Streik. Die Streiks weiten sich schnell über ganz Polen aus. Die Bewegung der *Solidarność* um den Danziger Elektriker Lech Wałęsa nimmt ihren Anfang.

Im Dezember 1981 verhängt die Staatsregierung über Polen das Kriegsrecht.

Der ikonische Schriftzug der Solidarność auf dem alten Werftgelände

Nach 1990

Die Wende. In Polen wird eine marktwirtschaftlich orientierte Demokratie eingeführt. In Danzig nimmt der Tourismus aus dem westlichen Ausland stark zu. 1997 feiert Danzig sein 1 000-jähriges Bestehen.

1999/2004

Beitritt Polens zur NATO und zur EU. Drei Jahre später fallen alle Grenzkontrollen zu Deutschland weg.

Ab 2011

EU-Fördergelder sorgen für eine grundlegende Verbesserung der polnischen Infrastruktur.

2015

Die katholisch-nationalistische und EU-kritische Partei „Recht und Gerechtigkeit" (PiS) übernimmt die Regierung.

2017

Das multiperspektivische Museum des Zweiten Weltkriegs eröffnet in Danzig. Ideologische Differenzen: Die PiS-Regierung macht Front dagegen und setzt eine Zwangsvereinigung mit dem Museum der Westerplatte durch.

2019

Der Danziger Stadtpräsident Pawel Adamowicz wird während einer öffentlichen Veranstaltung von einem Attentäter tödlich verletzt.

2022

Danzig wird im Jahr des 40-jährigen Bestehens der *Solidarność* Europäische Hauptstadt des freiwilligen Engagements – ein Votum für eine Zivilgesellschaft gegen Rassismus und Intoleranz.

Landschaft & Natur

Nehrung, Haff und Dünen

Das charakteristische Landschaftsrelief der Ostseeküste und der angrenzenden Gebiete entstand erst vor etwa 15 000 Jahren. Damals zerfiel allmählich der mächtige Gletscherpanzer der letzten Eiszeit über dem nördlichen Europa.

Das Baltische Meer

Das 413 000 Quadratkilometer große und bis zu 459 Meter tiefe Binnenmeer der Ostsee wird auch Baltisches Meer genannt, *Morze Bałtyckie*. Als sich die riesigen eiszeitlichen Gletschermassen infolge der Erwärmung des Erdklimas nach Skandinavien zurückzogen, blieben verschiedenartige Ablagerungen und Vertiefungen zurück: Hügel, Sanderflächen und viel Wasser. Zwischen dem Eisrand im Norden und den zurückgelassenen Geröllschuttmassen im Süden füllte sich die Baltische Senke mit Wasser und ein riesiger Süßwassersee entstand, der vor etwa 4 000 Jahren durch die stetige Überflutung mit Salzwasser aus der Nordsee zum größten Brackwasser-Meer der Erde wurde.

Eigentlich ein Grund zur Freude: Die **Wasserqualität** des Baltischen Meeres ist in den letzten zehn Jahren sehr viel besser geworden, an den Küsten der südlichen Ostsee wird sie fast überall mit gut bis sehr gut bewertet. Doch der Schein trügt: Noch immer gelangen über die Flüsse Unmengen Stickstoff und Nitrat in die Ostsee und verwandeln sie in eine

Typische Steilküste am Baltischen Meer, immer leicht absturzgefährdet

blühende Landschaft, in der vor allem Blaualgen gedeihen. Die sinken auf den Boden, wenn sie absterben, werden dort zersetzt und entziehen dem Wasser so den letzten Sauerstoff. Die Ostsee stirbt vom Grund her. Was Not tut, ist die Belüftung ihres Bodens – das kann nur die Nordsee leisten, doch die rettende Frischwasserzufuhr aus dem Westen bleibt seit Jahrzehnten immer länger aus. Wird das Baltische Meer wieder zum Süßwassermeer oder kippt es gar?

Die Küste der Ostsee

Die skandinavischen Gletscher schoben bei ihrem Vordringen nach Süden gewaltige Massen Gesteinsschutt vor sich her und walzten dabei die Erde platt. So entstanden die Küstenniederungen des mitteleuropäischen Tieflands und am Ende der Vereisung hügelige Höhenzüge. Diese **Endmoränen** sind charakteristisch für die nordpolnische Landschaft. Den unter den Gletschern abgelagerten Schutt hingegen nennt man **Grundmoränen.** In diesen Zonen ist die Landschaft leicht gewellt. Wo die Grundmoränenplatten bis an die Küste reichen, werden sie von der Strömung und der Brandung gekappt. Die Erosionstätigkeit des Meeres schafft **Steilküsten** mit schroffen Kliffbildungen wie zum Beispiel östlich von Ustka oder bei Jastrzębia Góra (Habichtsberg) nördlich der Halbinsel Hel.

Stürme und Wellen verändern das Aussehen der Küste ständig. Sie nagen an den Ufern und reißen Stücke davon weg. Die abgetragenen Sande werden mit West-Ost-Strömung anderswo wieder angelandet. Breite Strände, Nehrungen, Haffs und Dünen entstehen.

Strandsee bei Koszalin (Jamunder See)

Die weit geschwungene Danziger Bucht ist sowohl Haff- als auch Nehrungsküste. **Nehrungen** sind schmale Landzungen, die ein **Haff** gegen das Meer abschließen. Die Halbinsel Hel, die mehr als 30 Kilometer in die Danziger Bucht ragt, ist eine Nehrung im Werden. Ihre charakteristische sichelförmige Form mit der Krümmung nach innen ist der Kraft der Wellen geschuldet.

An manchen Stellen haben Dünenwälle ehemalige Haffs abgeschnitten und zu sogenannten **Strandseen** werden lassen. Beispiele hierfür sind die Seen bei Łeba und bei Koszalin (Köslin). Man unterscheidet weiße Dünen von den pflanzenbewachsenen grauen Dünen. Die imposanten Wanderdünen von Łeba gehören zu den vegetationslosen weißen Dünen.

Der Slowinzische Nationalpark (Słowiński Park Narodowy)

Der Nationalpark erstreckt sich 33 Kilometer entlang der Küste und liegt zwischen den Ortschaften Rowy und Łeba. Er umfasst neben den Nehrungs- oder Strandseen Gardno, Dolgie und Łebsko eine einzigartige Dünenlandschaft. Grandios sind die bis zu fast 50 Meter hohen Wanderdünen am Ostseestrand. Nirgendwo sonst in Europa gibt es eine größere Anhäufung von Wanderdünen, die sich hier jährlich um bis zu zehn Meter landeinwärts fortbewegen. Sie treten zurzeit im mittleren Teil der Nehrung auf. Lage, Form und Höhe dieser Dünen ändern sich stets in Abhängigkeit von den Sandmengen, die die Ostsee fortlaufend anschwemmt. Mittlerweile wandert ein Teil des Sandes in den Leba-See. Der deutsche Generalfeldmarschall Erwin Rommel fand hier in der damals noch „deutschen Sahara" die ideale Landschaft, um seine Soldaten ab Mitte der 1930er-Jahre auf den geplanten Afrikafeldzug vorzubereiten (▸ Tour 3, Seite 112).

1977 wurde der Park in die Weltliste der Biosphärenreservate der UNESCO aufgenommen. Interessant und informativ sind das slowinzische Freilichtmuseum in Kluki (▸ Seite 116) und das Naturkundemuseum in Smołdzino (▸ Seite 118).

▸ Slowinzischer Nationalpark ◂

Entstehungsjahr: 1967
Fläche: 186 km^2
Davon Wanderdünen: 300 ha
Wanderrouten: 140 km
Touristen jährlich: ca. 400 000
Info: www.slowinskipn.pl

„Schmuck des Meeres", allgegenwärtig und lautstark: die Möwen

Kiefernwald, dazwischen auch Föhren, säumen den höchst einsamen Küstenabschnitt des Nationalparks mit seinen herrlichen Sandstränden. Im Moor und auf den Sumpfwiesen wachsen das Wollgras und die Krähenbeere, in Ufernähe Stranddisteln. Diese auch Strand-Männertreu genannte Küstenpflanze steht unter strengem Naturschutz. Ihre stachligen Blätter bieten dem sandhaltigen Wind Paroli. Sie wachsen aber nicht nach, sobald sie abgebrochen werden. Mit ihren langen Pfahlwurzeln verankert sich die Pflanze fest im Sand und trägt so dazu bei, den flüchtigen Untergrund zu befestigen. Sie gehört zu den Pionieren unter den Dünenpflanzen.

Vögel an der Küste

Man hat im Schutzgebiet über 250 Vogelarten gezählt, darunter so seltene wie den Seeadler, den Schwarzstorch, den Uhu, aber vor allem zahlreiche Arten von Wasservögeln, die in den dichten Schilfgürteln der Seen nisten. Die Zahl der Seeadler an der polnischen Küste ist in den letzten Jahren erfreulich angestiegen. Auch Habichte, Turm- und Wanderfalken, Kormorane sowie Weißstörche leben hier. Zurzeit versucht man, den Uhu an der Küste wieder heimisch zu machen. Bei den Schwänen, die auf den Ostseewellen schaukeln, handelt es sich um Höcker- und Singschwäne. Groß ist die Anzahl der langbeinigen Schnepfenvögel. Zu ihnen zählen beispielsweise der Große Brachvogel, der Alpenstrandläufer und die Bekassine, die im flachen Uferbereich nach Kleintieren stochert. Sie wird auch Himmelsziege genannt, da beim Sturzflug der Männchen zur Erde ein dumpfes, meckerndes Summen zu vernehmen ist.

Und dann gibt es natürlich noch die Möwen, die die Lüfte an der polnischen Ostseeküste kreischend dominieren. Lachmöwen, Silbermöwen, Sturm- und Mantelmöwen begegnet man überall. In Polen werden diese schönen Flugakrobaten „Schmuck des Meeres“ genannt.

Robben in der Ostsee

Noch vor rund 130 Jahren zählte man 100 000 Kegelrobben an der Küste. Heute, nachdem sie jahrzehntelang wegen ihres Fleisches, ihres Fettes, ihrer Haut sowie als lästige Konkurrenten der Fischer gejagt und getötet wurden, wird ihre Zahl mit rund 7 500 angegeben. Sie stehen heute unter strengem Schutz. Ihre Wiederansiedlung bleibt schwierig. Das Fokarium auf der Halbinsel Hel (▸ Seite 99) ist ein Projekt des Meeresinstituts Danzig mit dem Ziel, eine stabile Population aufzubauen sowie geschwächte Tiere aufzupäppeln. Weitere Fokarien befinden sich in Dolina Charlotty (▸ Seite 130) und in Sarbsk bei Łeba (▸ Seite 111).

Die Kartoffel

Pommerland ist Kartoffelland. Das nahr- und schmackhafte Wurzelgewächs genießt einen vorzüglichen Ruf. Auch deutsche Urlauber kaufen die Pommernknolle bisweilen gleich sackweise oder als schmackhaftes Mitbringsel. Die Hofläden unterwegs lohnen sowieso immer einen kleinen Abstecher. Wo sich so viel um die Knolle dreht, ist es kaum verwunderlich, dass ihr die Menschen aus Dankbarkeit ein eigenes Denkmal stifteten. Wie ein König von Hinterpommern thront in Biesiekierz bei Koszalin eine riesige bronzierte Kartoffel über ihrer Landschaft, emporgehoben von drei Stahlträgern.

Nachhaltig unterwegs: Auf zwei Rädern

Der mittlerweile gut ausgebaute Ostseeküstenradweg (Euro Velo 10/R 10) führt in Polen zwischen Swinemünde auf Usedom und Danzig von Seebad zu Seebad. Mehrere Abschnitte der insgesamt rund 480 Kilometer langen Route verlaufen direkt an der Küste wie zum Beispiel die sehr schön ausgebauten Radwege von Kolberg nach Ustronie Morskie (▸ Tour 6, Seite 154) und von Darłówko nach Jarosławiec (▸ Seite 136).

Überfischung von Hering & Co

Fisch kauft man, wenn möglich, fangfrisch aus dem Kutter, *z kutra*. Zum Beispiel in den pittoresken Fischerhäfen von Darłówko, von Ustronie Morskie, von Ustka, Łeba oder Sopot. Doch die Zeiten der fotogen an den Sandstränden liegenden, bunt bemalten Kutter sind gezählt. Denn die Zahl der polnischen Fischer sinkt von Jahr zu Jahr. Die (notwendigen) EU-Fangquoten von Dorsch und Hering bewegen etliche Fischer dazu, ihre Netze lieber gleich an den berühmten Nagel zu hängen, wofür die EU sie finanziell entschädigt.

Mit gutem Gewissen...

...essen:

Avocado Vegan Bistro (Danzig-Wrzeszcz)
Kleines, tolles Lokal mit vielfältiger Auswahl an herzhaften veganen, glutenfreien Gerichten. Auch Einheimischen und Nicht-Veganern schmeckt´s und gefällt´s (▶ Seite 66).

Heringshof Starkowo (Zagroda Śledziowa)
Der Heringshof wird von Fischern betrieben. In der angeschlossenen Gaststätte kann man Hering auf kaschubische Art genießen oder den Fisch selbst räuchern (▶ Seite 125).

Restaurant Ewa Zaprasza (Sasino)
"Ewa lädt ein" zu frischem Fisch aus lokalem Fang und weiteren leckeren Gerichten, zubereitet nach kaschubischen Rezepten. Hier werden ausnahmslos regionale Produkte verwendet, es gibt auch Vegetarisches. Serviert wird auf der Gartenterrasse unter Obstbäumen oder in der gemütlichen Gaststube (▶ Seite 111).

...einkaufen:

Bauernmarkt Kolberg
Frisches von den Bauern aus der Umgebung. Alles selbst geerntet. Viel Obst und Gemüse, von A wie Apfel bis Z wie Zucchini. Auch frische Bio-Eier, wunderbarer Honig und Waldfruchtmarmeladen (▶ Seite 153).

Bauernmarkt Sopot
Auf dem *Sopocki Rynek* bieten Bauern aus dem kaschubischen Umland frische Lebensmittel an, vor allem Käse sowie Obst und Gemüse aus eigenem Anbau. Künstler aus der Region stellen ihre Werke aus (▶ Seite 81).

Naturimkerei (Krzemienica)
Die Imkerei des Bio-Bauernhofs Wędrowna Barć im „karierten" Dorf bei Swołowo ist über die Grenzen der Region bekannt. Hier kann man verschiedene Arten des regional produzierten Honigs kosten und kaufen (▶ Seite 125).

Klasztorne Smaki (Danzig)
Bioprodukte von polnischen Bauern und Mönchen, etwa Honig, Käse, Schinken, Säfte, Liköre und Weine, auch Bio-Kosmetik (▶ Seite 68).

...übernachten:

Familienurlaub auf dem Bauernhof
Die sehr kleinteiligen Landwirtschaftsflächen in Polen werden zu 99 Prozent von einzelnen Landwirten geführt, meist als Familienbetriebe. Daher gibt es zahlreiche Anbieter von Urlaub auf dem Bauernhof. Die Verpflegung auf den etwa 10 000 agrotouristischen Höfen besteht aus frischen Bio-Lebensmitteln aus eigener Produktion, oft gibt´s Aktivangebote.
www.bauernhofurlaub.de/polen.

Agroturystyka Agro-chata
Weitläufiger, kinderfreundlicher Hof mit großem Garten und Terrasse abseits des touristischen Trubels und doch nur wenige Kilometer von einem fast menschenleeren Ostseestrand entfernt. Leckere Verpflegung mit traditionellen pommerschen Gerichten. Familiäre Atmosphäre, die Gastgeber sprechen Deutsch, bestens geeignet für Radlergruppen. 17 Kilometer bis Ustka.
Łacko 9 | 76-113 Jezierzany |
Tel. (59) 810 95 69 | www.agro-chata.pl |
€-€€

Was ist los zwischen Danzig & Kolberg?

In der Dreistadt

Mai

Święto Miasta Gdańsk
Danziger Stadtfest zu Beginn der Sommersaison.

Juni

Baltic Sail Gdańsk
Internationales Seglertreffen in Danzig: Regatten, Schiffsparaden, Shanty-Konzerte mit Matrosen und Schiffen aus osteuropäischen Ländern.
www.balticsail.pl

Juli

Open-Air-Theaterfestival FETA
Buntes Treiben mit Gauklern, Stelzenläufern, Tänzern, bei dem auch das Publikum einbezogen wird.

August

Sopot Festival
Traditionsreiches internationales Festival der Unterhaltungsmusik in der Waldoper.

Dominikanermarkt ***(Jarmark św. Dominika)***
Die Tradition dieses Marktes reicht bis ins Mittelalter zurück. Zum ersten Mal wurde der Danziger Dominik im Jahre 1260 gefeiert – am 5. August, dem Tag des heiligen Dominikus. Damals hatte Papst Alexander IV. dem Dominikanerorden das Ablassprivileg erteilt. Seit dieser Zeit ist der Jahrmarkt der festliche Jahreshöhepunkt von Danzig.

Nach dem Krieg wurde das Spektakel erst wieder 1972 reaktiviert, zur Freude der Bevölkerung, die an diesen fröhlichen Tagen Lebensmittelraritäten wie Käse und Schokolade im Angebot fand. Heute findet der Markt stets in den ersten drei Augustwochen statt. Dann ist die gesamte östliche Rechtstadt um den Fischmarkt und die Lange Brücke ein einziger Kunst- und Trödelmarkt mit hunderten von Buden und Ständen, Straßentheater und Folkloreveranstaltungen. Hier lassen sich immer ein paar Schnäppchen entdecken.
www.jarmarkdominika.pl

Shakespeare-Festival
Internationales Theatertreffen in der ersten Augustwoche. Viele Aufführungen im Danziger Shakespeare-Theater.

Sopot-Jazz-Festival
Internationales Jazzfestival, viele Veranstaltungen in der Waldoper von Sopot.

September

Regatta Gdynia Sailing Days
Großes Segelschifftreffen in Gdynia. Zum Höhepunkt Schiffsparade in der Danziger Bucht.

Dezember

Weihnachtsmarkt
Der stimmungsvollste an der polnischen Küste findet auf dem ehemaligen Danziger Kohlenmarkt *(Targ Węglowe)* statt: polnische Delikatessen, viele lokale Produkte, Eisbahn.

Kaschubische Seeprozession zwischen der Halbinsel Hel und Puck

An der Küste

Mai

Schwarze Hochzeit im Slowinzischen Freilichtmuseum Kluki
Traditionsreiches Kulturfest, der historische Torfstich wird zelebriert (▶ Seite 117).

Juni

Bootsprozession von Chałupy auf Hel nach Puck
Traditionelle, kaschubische Seeprozession am 29. Juni mit bunt bewimpelten Kuttern. Der Danziger Erzbischof zelebriert unterwegs eine Heilige Messe. Die Seewallfahrt endet mit einer Andacht in der Kirche von Puck (▶ Seite 93).

Juli

Festival der Straßentheater in Danzig und den größeren Seebädern
Clownerien, Performances, Akrobatik.

Rockfestival in Dolina Charlotty
Hier, zwischen Ustka und Słupsk, treten sogar Weltstars auf (▶ Seite 130).

***Regatta Botë pod żoglame* (Boote unter Segeln) in Chałupy auf Hel**
Farbenfrohe Spaß-Regatta und kaschubisches Volksfest (▶ Seite 101).

Burgfestspiele in Malbork
Belagerung der Marienburg, Historienspektakel (▶ Seite 88).

Mitte August

Interfolk-Festival Kołobrzeg
Internationales Folklore-Treffen, Open-Air-Konzerte.

November

Komeda-Festival Słupsk
Hochklassige Jazz-Tage zu Ehren des Musikers Krzystof Komeda, der u.a. die Filmmusik zu Polanskis Welterfolgen „Tanz der Vampire" und „Rosemary's Baby" schrieb.

Orte & Landschaften

Die Region zwischen Kolberg und Danzig besticht durch landschaftliche Vielfalt und natürliche Schönheit. Dicht nebeneinander liegen traditionsreiche Seebäder mit herrlichen Sandstränden. Aber auch die bewegte Vergangenheit der Region ist interessant und vor allem Danzig verfügt über bedeutende Kulturschätze.

▼ *Bunte Fischerboote wie hier in Chłopy sieht man häufig an der Küste Pommerns*

Danzig und die Dreistadt

Danzig – Königin der Ostsee

Mehr als drei Millionen Menschen aus aller Welt besuchen jährlich die Stadt an der Mottlau. Im wiederaufgebauten historischen Zentrum finden Sie nicht nur prächtige Gebäude, sondern auch ein buntes städtisches Treiben, kulturelle Hotspots, trendige Bars sowie kulinarische Topadressen. Eine einzigartige Stadt!

Das historische Zentrum Danzigs, die **Rechtstadt,** betritt man am besten durch das mit Ornamenten und Figuren geschmückte **Goldene Tor.** Dieser „Haupteingang" ähnelt stark einem römischen Triumphbogen, und das aus gutem Grund. Schließlich schlug hier, in der 1343 vom **Deutschen Orden** gegründeten Rechtstadt, über Jahrhunderte das wirtschaftliche und politische Herz der reichen und mächtigen Hansemetropole. Durch das prachtvolle, 1614 errichtete Tor kamen auch die polnischen Könige bei ihren traditionellen Danzig-Besuchen. Der „Königsweg" führt weiter über die **Langgasse** zum **Rechtstädtischen Rathaus** am **Langen Markt,** wo heute Touristen zu den berühmten Sehenswürdigkeiten und den eleganten Patrizierhäusern flanieren. Der Blick wandert über herrliche Giebel, farbenfrohe Fassadenmalereien und reiche Ornamente mit immer neuen Details.

In der nördlich angrenzenden **Altstadt** lebten bereits ab dem 12. Jahrhundert vorwiegend polnische und kaschubische Handwerker und Fischer. Sie stand und steht bis heute im Schatten der vornehmen Rechtstadt. Die **Alte Vorstadt** südlich davon, umgeben von mächtigen, sehenswerten Bastionen aus dem 17. Jahrhundert, entstand auf sumpfigem Gelände, als der Wohnraum in der Rechtstadt knapp wurde.

Das Beste in Danzig

- ★ **Rechtstädtisches Rathaus:** Das markanteste und höchste Gebäude an der Langgasse (▸ Seite 47)
- ★ **Artushof:** Spätmittelalterlicher Treffpunkt der Danziger Kaufmannsbrüderschaften (▸ Seite 49)
- ★ **Neptunbrunnen:** Bronzener Blickfang am Langen Markt (▸ Seite 50)
- ★ **Krantor:** Das mittelalterliche Wassertor mit dem imposanten Kranvorbau ist eines der Wahrzeichen der Hafenstadt (▸ Seite 52)
- ★ **Marienkirche:** Die größte gotische Backsteinkirche der Welt (▸ Seite 56)

Die Dreistadt (Trojmiasto)

An der weiten, sichelförmigen **Danziger Bucht *(Zatoka Gdańska)*** grenzen Danzig, der Bade-Hotspot Sopot (Zoppot) und der Überseehafen Gdynia (Gdingen) eng aneinander und sind mittlerweile zur sogenannten

◂ *Hanse-Feeling: Blick über die Mottlau aufs Krantor*

Danzig

Offizieller Name: Gdańsk (gesprochen ge dansk) (bis 1945 Danzig)
Gründung: 997 erste urkundliche Erwähnung, 1224 Verleihung des Lübischen Rechts
Geographische Lage: im Süden der Danziger Bucht an der Ostsee, rund 300 km nordwestlich von Warschau
Verwaltungsbezirk: Woiwodschaft Pommern (Hauptstadt)
Einwohner: 468 000 (Stand 2019)
Telefon-Vorwahl: (+48) 58
Fläche: 262 km^2
Wirtschaft: Werft und Tiefwasser-Containerhafen, chemische Industrie, Telekommunikation, pharmazeutische Industrie, Tourismus
Durchschnittseinkommen: 5 642 zł (z. B. Lehrer: 3 600 zł)
Arbeitslosenquote: 4,2 % (2018)
Hochschulen und Universitäten: ca. 60 000 Studierende sind an den zehn Hochschulen und Universitäten Danzigs eingeschrieben

Dreistadt *(Trójmiasto)* mit insgesamt 800 000 Einwohnern zusammengewachsen. Jede der drei ungleichen Schwestern verzaubert auf eigene Weise. Die Erkundung dieser drei Welten an der Bucht sollte sich kein Danzig-Besucher entgehen lassen.

Ein eigenständiger Geist ...

Danzig war stets eine offene Stadt, gemeinsame Heimat für Einwanderer aus ganz Europa. Ein spätmittelalterlicher kultureller Schmelztiegel, in dem spätestens seit dem „Goldenen Zeitalter" im 16. und 17. Jahrhundert neben Deutschen, Kaschuben und Polen auch Holländer, Flamen, Skandinavier, Schotten, Engländer und Italiener arbeiteten und lebten. Und heute? Weltoffenheit, Toleranz und Gastfreundschaft prägen das städtische Leben der polnischen Metropole noch immer. Inzwischen herrscht hier eine bunte Mischung von Reisenden aller Altersgruppen und Ländern. Und wie schon so oft ist Danzig heute wieder ein Ort urbaner Aufbrüche und Veränderungen.

Geradezu sprichwörtlich scheint der Argwohn der Danziger gegenüber Autoritäten zu sein, zumal wenn es sich um staatliche handelt. Vielleicht kann Danzig heute sogar wieder als Hauptstadt der polnischen Opposition betrachtet werden, zurzeit gegen die erzkonservative PiS-Regierung in Warschau. Man erinnert sich: Vor wenigen Jahrzehnten wurde hier von der unabhängigen Gewerkschaftsbewegung Solidarność schon einmal Weltgeschichte geschrieben.

... und Lust auf Savoir-vivre

Im heutigen Gdańsk gibt es zehn Hochschulen mit über 60 000 Studierenden. Jugendlicher Lifestyle prägt nicht nur das Stadtbild, sondern auch großteils das urbane Leben der Hafenstadt. Höchst lebendig und kreativ zeigt sich die **Kulturszene** mit zahlreichen (mitunter auch politisch ambitionierten) Clubs, Galerien, mit coolen Event-Locations, Off-Theatern, alternativen Bars, Kneipen, schicken Discos, in denen die bekanntesten DJs Polens auflegen. In den Sommermonaten werden in der Danziger Innenstadt Live-Konzerte veranstaltet und man feiert bis in die frühen Morgenstunden. Wer vom lauten Tamtam genug hat, findet problemlos ruhigere und besinnliche Plätzchen.

Auch die Danziger **Gastro-Szene** boomt: Im Trend liegt die traditionelle polnische Küche, präsentiert mit einer gewissen internationalen Raffinesse oder (immer öfter) vegetarischem Einschlag. Angesagt ist auch die regionale pommersche und kaschubische Küche. Wenn's das Wetter zulässt, wird auf den **Straßenterrassen** serviert. Kundenfreundlich überdacht liegen sie Seit' an Seit' auf der Langgasse, dem Langen Markt oder am Ufer der Mottlau. Ähnlich verhält es sich mit den berühmten **Beischlägen,** den für Danzig typischen breiten Aufgängen zu den Patrizierhäusern mit ihren kommunikativen Terrassen, die den Gassen etwas Mediterran-Südländisches verleihen, zum Beispiel in der faszinierenden **Frauengasse,** der ulica Mariacka. Selbst der bisher grau-triste Bezirk **Wrzeszcz (Langfuhr),** in dem der Literaturnobelpreisträger Günter Grass aufwuchs, zeigt sich seit einigen Jahren – mit EU-Geldern aufgepeppt – völlig verändert. Nach dem Krieg bis in die Gegenwart ein Kleinbürgerstadtteil mit maroden Mietshäusern, hat er sich nun zum hippen Szeneviertel mit In-Clubs und extravaganten Bars gemausert.

Man trifft hier allerorten auf freundliche und offene Leute, die ihre besondere Stadt ganz offensichtlich lieben. Das heutige Gdańsk zählt gut 460 000 Einwohner, fast 800 000 sind es in der Dreistadt. Im gesamten städtischen Ballungsraum von Danzig leben mehr als 1,2 Millionen Menschen.

Beliebt und stets belebt: Der Lange Markt am Rechtstädtischen Rathaus

Museum des Zweiten Weltkriegs
Interpretation der Geschichte

Seit 2017 ist Danzig um eine architektonische Attraktion reicher: Das von Anfang an zwischen National-Konservativen und Liberalen ideologisch umkämpfte Museum des Zweiten Weltkriegs *(Muzeum II Wojny Światowej w Gdańsku)* überrascht mit extravaganter Gestaltung.

Ein rostroter, vierseitiger Kubus ragt 40 Meter schräg aus dem Boden, nur einen Steinwurf entfernt von der ehemaligen Lenin-Werft. Die Ausstellungsflächen befinden sich in den unterirdischen Stockwerken. Sie stehen für die Vergangenheit. Die offenen Flächen rund um das Gebäude symbolisieren die Gegenwart, der gekippte Turm mit seiner verglasten Seiten- und Oberfläche die Zukunft. Die Konzeption des von der Regierung Donald Tusks seit 2008 geplanten Museums will den Krieg in erster Linie aus der Perspektive der Zivilbevölkerung zeigen – in Polen gab es 200 000 militärische Opfer und fünf Millionen getötete Zivilisten. Es will kein Militärmuseum sein. Aber auch politisch brisante Themen wie das von Polen begangene Juden-Massaker von Jedwabne 1941 werden nicht ausgespart. Der rechtsnationalistischen Nachfolge-Regierung um Jarosław Kaszyński gilt eine solche Sichtweise als „antipolnisch". So entmachtete man kurzerhand den Museumsdirektor. Stattdessen sollen im Weltkriegsmuseum nun stärker polnisches Märtyrertum und Heroismus hevorgehoben werden. Beschlossen ist außerdem die Zwangsvereinigung des Museums mit dem Westerplatte-Museum (▸ Seite 70).

Weltgeschichte an der Weichsel

Die 1 000-jährige Historie Danzigs ist einzigartig. Allein im 20. Jahrhundert wurde an der Mündung der Mottlau in die Tote Weichsel zwei Mal Weltgeschichte geschrieben: Mit den Schüssen auf die Westerplatte begann hier der **Zweite Weltkrieg.** Später gründete sich an der damaligen Lenin-Werft die unabhängige polnische Gewerkschaftsbewegung **Solidarność,** womit (so lässt sich wohl sagen) das Ende des polnischen und des Sowjetkommunismus eingeläutet und in letzter Konsequenz die Überwindung der europäischen und der deutschen Teilung möglich wurde.

Die geschichtlichen Aufzeichnungen beginnen indes mit der Missionsreise des böhmischen **Bischofs Adalbert** zu den heidnischen **Pruzzen** 997. Der später heilig gesprochene Mann aus Prag wurde von den Polen gegen die Heiden zu Hilfe gerufen. Er kam mit Kreuz und Schwert – und wurde mit der Axt erschlagen. Das geschah in einem kleinen slawischen Fischernest namens *Gyddanyzc* – die erste urkundliche Erwähnung der späteren Ostseemetropole.

Eine Metropole erblüht

Unter dem Pomerellenherzog Swantepolk avancierte die Stadt Mitte des 13. Jahrhunderts zu einem blühenden Gemeinwesen. Nach seinem Tod 1266 kam es zu Auseinandersetzungen zwischen Polen und dem **Deutschen Ritterorden** um die Hafenstadt und den Zugang zur Ostsee. Ab 1457 florierte Danzig schließlich fast 350 Jahre unter dem Schutz der polnischen Krone. An der Verbundenheit zum katholischen Polen ändert selbst der Übertritt Danzigs zum Protestantismus nichts. Der polnische König sanktionierte 1557 die Religionsfreiheit in der Hansestadt. Spätestens mit dem preußischen Überfall 1793 endete die privilegierte Zeit.

Bei dieser **Zweiten Teilung Polens** ließen die beiden Teilungsmächte Preußen und Russland von Polen nur noch ein schmales Rumpfgebilde übrig. Die ehemals selbstständige Stadtrepublik Danzig im Königreich Polen unterstand ab jetzt der preußischen Verwaltungsordnung. Die meisten Danziger Bürger empfanden dies (zumindest anfangs) als Fremdherrschaft.

Vorhersehbare Katastrophe

Nach dem Ersten Weltkrieg wird Danzig im Versailler Vertrag von 1919 zur **Freien Stadt** unter der Aufsicht des Völkerbundes erklärt. Als neutraler Stadtstaat mit rund 350 000 Einwohnern wird die Stadt nun außenpolitisch von Polen vertreten, das nach 123 Jahren gerade erst wiedererstanden ist. Das bis dahin preußische Danzig wird Teil des polnischen Zollgebiets und Polen werden zudem Rechte bei der Hafen- und Eisenbahnverwaltung sowie im Postwesen zugesprochen. Bei der Volkszählung 1923 gaben 95 Prozent der Danziger Bürger Deutsch und drei Prozent Polnisch bzw. Kaschubisch als Muttersprache an.

Der Konflikt zwischen Polen und Deutschland um die einst reichste und größte Hafenstadt der Ostsee ist durch die Regelungen von Versailles gewissermaßen vorprogrammiert und hängt wie ein Damoklesschwert über der Nachkriegsordnung. Während Warschau Danzig wirtschaftlich zu isolieren versucht, um den Anschluss ans Mutterland zu erzwingen, füttert Berlin die Stadt mit Hilfslieferungen und bald auch mit Nazipropaganda. Im Jahre 1932

Ein Löwenpaar bewacht das Danziger Wappen am Großen Zeughaus

sind rund 20 Prozent der Danziger arbeitslos und noch weit mehr politisch längst braun. Gleichzeitig entsteht der **„Polnische Korridor"**, der für Polen wichtige Zugang zum Meer. Dieser vormals preußische Landstrich zwischen Pommern im Westen und dem Unterlauf der Weichsel im Osten trennt nun Ostpreußen vom übrigen Reichsgebiet ab.

Die sich anbahnende Katastrophe tritt am 1. September 1939 ein: Das deutsche Kadettenschulschiff „Schleswig-Holstein" löst mit Schüssen auf das polnische Munitionsdepot auf der Westerplatte den **Zweiten Weltkrieg** aus.

Sechs Jahre später, nach dem Inferno des Krieges, werden anstelle der deutschen Einwohner Neubürger in die zu Ruinen und Schuttbergen verwandelte Stadt umgesiedelt. Sie kommen aus allen Himmelsrichtungen, vorwiegend aus dem verarmten Osten, aus dem litauischen Wilna und dem galizischen Lemberg.

Die Gewerkschaftsbewegung

Die Jahre 1970 und 1980 sollten nicht nur für die Stadtgeschichte bedeutsam werden. Mit den **Werftarbeiterstreiks** und der Gründung der unabhängigen Gewerkschaftsbewegung **Solidarność** wird die Zerschlagung des politischen Systems in Polen eingeläutet. Tragik der Geschichte: Der herbeigesehnte Systemwechsel führt 1997 zum Konkurs der berühmten Werft.

Heute steht gleich hinter dem legendären Werfttor Nr. 2 das moderne, rostrote Gebäude des Europäischen Zentrums der Solidarität (▶ Seite 61). Das international ausgerichtete Bildungs-, Kultur- und Begegnungszentrum will ein Ort sein, an dem sich Vergangenheit, Gegenwart und Zukunft kreuzen.

Günter Grass – Kaschube aus Danzig

Wrzeszcz ist ein Stadtviertel, in dem vorwiegend die kleinen Leute zu Hause sind. Das war schon so, als der Stadtteil mit seinen recht tristen Arbeiterreihenhäusern noch Langfuhr hieß und am 16. Oktober 1927 Günter Grass hier das Licht der Welt erblickte. Und doch hat der Vorort mittlerweile ein alternatives Antlitz mit szenigen Cafés und Clubs erhalten – ein Hauch von Boheme. **Grass' Geburtshaus** in der heutigen ulica Lelewela Nr. 13 (ehemals Labesweg) steht noch, eine Erinnerungstafel würdigt den Literaturnobelpreisträger von 1999.

Frühen Weltruhm brachte Grass sein 1959 erschienener Danziger Schelmenroman „Die Blechtrommel". Hier lässt der 2015 verstorbene Autor seinen Protagonisten Oskar Matzerath im zarten Alter von drei Jahren sein körperliches Wachstum einstellen, fortan die spießig-heuchlerische Realität der Vorkriegszeit zertrommeln und vom Stockturm und anderswo mit seiner ohrenbetäubenden Fistelstimme allerhand Glas zerspringen: Der Außenseiter erweist sich in einer Welt der Lüge und des Untertanengeistes als der einzig zumindest halbwegs Normale. Seine Trommel wird zur anarchistischen Waffe, mit der er auch mal die Nazi-Marschmusik aus dem Takt bringt. 1978 wurde der Roman erfolgreich von Volker Schlöndorff verfilmt.

Mittlerweile hat man Grass zum Ehrenbürger der Stadt ernannt. Die Pfeife in der Hand, ein aufgeschlagenes Buch auf dem Knie – so sitzt er heute in Bronze gegossen neben Oskar auf einer Bank im Park Wybickiego, ein paar Schritte von seinem Geburtshaus entfernt. Im Jahre 2010 hat man im Zentrum die **Grass-Galerie** mit wechselnden Ausstellungen eröffnet, sie ist innerhalb der Rechtstadt fußläufig zu erreichen (▸ Seite 70). Stets im Herbst findet das Art Festival „Grassomania" statt.

Spaziergang durch Danzig

Sieben Stunden, heißt es, benötige der Stadtbesucher, um die wieder aufgebaute historische Innenstadt Danzigs zu Fuß kennenzulernen. Sich Zeit zu nehmen lohnt sich, gerade deshalb bietet es sich an, einen Stadtrundgang in kleinere Etappen aufzuteilen.

Miteinzubeziehen ist schließlich auch die obligatorische Einkehr in einem der unzähligen Restaurants oder Cafés, um zwischendurch dem Bauch etwas zu gönnen und die Seele sowie die müden Füße baumeln zu lassen.

Ein günstiger Ausgangspunkt für den Stadtrundgang ist der ehemalige **Kohlenmarkt** 2, der heutige ***Targ Węglowe.*** An diesem Hauptverkehrsknotenpunkt am westlichen Rand der Rechtstadt fahren Straßenbahnen in alle Richtungen ab. Hier liegt einer der größten Parkplätze der Innenstadt und hier steht das 1967 erbaute **Stadttheater** 3. Der **Hauptbahnhof** 1, ein Schmuckbau im Stil der Neorenaissance aus dem Jahre 1900, befindet sich etwa 400 Meter nördlich davon.

Rechtstadt

Die 1343 vom Deutschen Orden gegründete Rechtstadt war über Jahrhunderte das wirtschaftliche und politische Zentrum von Danzig. Hier lebten vorwiegend deutsche Kaufleute, die durch den regen Ostseehandel reich wurden. Dementsprechend üppig und prächtig gestalteten sie ihre vornehmen Wohnhäuser – innen wie außen.

Das Goldene Tor führt in die Rechtstadt, links daneben die Georgshalle

Bereits im Jahre 1361 wird die Danziger Rechtstadt Mitglied der Hanse und von der großteils von slawischen Handwerkern und Fischern bewohnten Altstadt und der Vorstadt mit dicken Mauern getrennt. Daher gibt es auch zwei Rathäuser, das Rechtstädtische ist das weitaus prächtigere. Der schnell folgende wirtschaftliche Aufschwung dieses Danziger „Stadtteils" führte zu Auseinandersetzungen mit den Ordensrittern, die die Stadtverwaltung beherrschten und eine strikt hansefeindliche Politik betrieben.

Die Rechtstadt ist schachbrettartig gestaltet: Neun Straßen verlaufen parallel zum Mottlau-Ufer, prächtige Stadttore bilden jeweils ihren Abschluss. Engere Quergassen verbinden diese Hauptwege.

Die Eingangstore zur Rechtstadt

Das **Hohe Tor** ***(Brama Wyżynna)*** 4 steht etwa 15 Gehminuten vom Hauptbahnhof entfernt. Das außerordentlich massige Bauwerk wurde im Jahre 1576 als Teil des Befestigungssystems begonnen und ist großteils im Renaissancestil erhalten. Es war 1588 nach norditalienischen Vorbildern vollendet worden. Interessant ist der auffallend hohe Fries mit einem Wappentrias: Zwei Engel tragen das Wappen Polens, ein Löwenpaar das Wappen Danzigs und Einhörner das Wappen des königlichen Preußen. Insgesamt sind hier drei lateinische Inschriften zu lesen. Die unterhalb des polnischen Adlers lautet: „Gerechtigkeit und Frömmigkeit sind die Grundlagen jeder Herrschaft". Heute befindet sich hier die Touristeninformation für die Woiwodschaft Pommern (▸ Seite 64).

Buchtipp: Weiser Dawidek

von Paweł Huelle
(Sammlung Luchterhand)
Der Danziger Schriftsteller (Jahrgang 1957) wird gern als der Günter Grass Polens bezeichnet. Seine liebevollen Milieu- und Charakterstudien spielen im alten Danzig, aber vor allem im heutigen Gdańsk. Außerdem lesenswert: Die Danziger Erzählungen „Silberregen".

Das Hohe Tor gilt als historischer Hauptzugang zur Rechtstadt. Hier hindurch zogen die polnischen Könige mit ihrem Gefolge in die Rechtstadt ein, am Hohen Tor wurden ihnen rituell die Schlüssel der Stadt überreicht. Seitdem heißt die Route zum Langen Markt und weiter bis zum Grünen Tor an der Mottlau daher Königsweg.

Gleich hinter dem Hohen Tor ragt der mittelalterliche Komplex des Vortores mit dem **Stockturm** ***(Wieża Więzienna)*** 5 und der sogenannten **Peinkammer** ***(Katownia)*** in die Höhe. Der mächtige Stockturm entstand schon im Jahre 1410. Anfang des 16. Jahrhunderts wurde er um ein gotisches Geschoss aufgestockt, wie noch gut zu sehen ist. Im Jahre 1604 hat man den gesamten Gebäudekomplex umgebaut. Die Peinkammer war über Jahrhunderte die berüchtigte Danziger Folterkammer. Hier sollen grauenerregende Vernehmungen stattgefunden haben.

Der Stockturm überragt das Goldene Tor

Der Stockturm ist auch in Günter Grass' Danzig-Roman „Die Blechtrommel" von Bedeutung, denn von dort verleiht der kleinwüchsige Oskar Matzerath seinem Protest eine eindrucksvolle Form: Mit hoher, nervenzerrüttender Stimme bringt er allerlei Kronleuchter und Glasscheiben zum Bersten.

Das sich anschließende **Goldene Tor** ***(Złota Brama)*** 6 ist heute für viele Touristen der direkte Zugang zur Rechtstadt. Es ist besonders prächtig gestaltet. Seinen Namen bekam dieses Bauwerk im Stil der Spätrenaissance (1612–14) aufgrund der ehemals vergoldeten plastischen Dekorationen.

Mit seiner charakteristischen, doppelgeschossigen Fassadengliederung erinnert es an einen römischen Triumphbogen. Die Attika bekrönen auf beiden Seiten jeweils vier allegorische Figuren aus dem Jahre 1648. Sie versinnbildlichen an der Vorderseite humanistische und frühbürgerliche Werte wie Frieden (Pax), Reichtum (Ubertas), Ruhm (Fama) und Freiheit (Libertas). Eintracht (Concordia), Vernunft (Prudentia), Gerechtigkeit (Justitia) und Frömmigkeit (Pietas) schmücken das Tor auf seiner der Stadt zugewandten Seite. Hier steht auch in lateinischer Sprache: „Durch Eintracht wachsen kleine Staaten, durch Zwietracht gehen selbst große zugrunde".

In unmittelbarer Nachbarschaft des Goldenen Tores steht die spätgotische **Georgshalle** ***(Dwór Bractwa św. Jerzego)*** 7. Der zweigeschossige, quadratische Ziegelbau der Sankt-Georgenbruderschaft wurde Ende des 15. Jahrhunderts erbaut und diente den reichen Patriziern als exklusiver Club. Hier blieb Mann unter sich. Das Pyramidendach mit aufgesetztem Türmchen ziert eine Statue des heiligen Georg im Kampf mit dem Drachen.

Langgasse 8

Vom Goldenen Tor ergibt sich ein herrlicher Blick auf die leicht gekrümmte **Langgasse,** die ***ul. Długa.*** In dieser faszinierenden Flaniermeile drängeln sich im Sommer Heerscharen von Touristen, sie ist Danzigs Magistrale der Macht und des Reichtums. Hier wohnten im Goldenen Zeitalter der Hansestadt die reichsten Patrizier und hier stehen die elegantesten Häuser mit einer ungeheuren Vielfalt an architektonisch bemerkenswerten Details. Auf beiden Seiten dieser eleganten Fußgängerzone reihen sich oben Giebel an Giebel, unten Schaufenster an Schaufenster: Galerien, Boutiquen, Antiquitäten- und Souvenirläden,

Buchhandlungen, Lebensmittelgeschäfte, Eisdielen und Cafés, Restaurants und Bistros.

Das Haus Nr. 12 wurde ursprünglich 1776 für die aus Flandern stammende Patrizierfamilie Uphagen errichtet und heißt daher **Uphagenhaus** ***(Dom Uphagena)*** 9. Das interessante Rokoko-Interieur präsentiert sich als **Museum der bürgerlichen Wohnkultur** (▸ Seite 71) mit Danziger Diele, authentisch eingerichtetem Teezimmer, mit Musiksalon, Essraum und Küche.

Das Gebäude Nr. 28 ließ sich 1560 die einflussreichste Familie der Stadt im niederländisch-manieristischen Stil erbauen. Nach ihr wurde es **Ferber-Haus** ***(Dom Ferberów)*** genannt. Auf der schmuckvollen Fassade sind die Wappen Danzigs, Polens und Königspreußens zu sehen. Das hier ansässige Café *Ferber Bread & Wine* bietet sich für eine Verschnaufpause an.

Das Giebelhaus Nr. 71 besitzt noch die originale Fassadenzier aus dem 15. Jahrhundert. Zwei Löwenskulpturen schmücken das Portal des ebenfalls im manieristischen Stil gebauten Hauses Nr. 35, das als **Löwenschloss** ***(Lwi Zamek)*** bekannt ist. Die herrliche Fassade ist durch immer zierlicher werdende Pilaster gegliedert.

Das letzte Gebäude auf der rechten Seite der Langgasse (Nr. 45) ist das sogenannte **Schumannhaus** ***(Dom Schumannów)***. Es gehörte der angesehenen Danziger Kaufmanns- und Politikerfamilie Schumann und entstand um 1560 als Renaissancebau. Den Giebel krönt eine Zeus-Statue. Hier ist heute der Tourismusverband PTTK untergebracht. Eines der wenigen Häuser, die im gotischen Stil rekonstruiert wurden, steht schräg gegenüber (Nr. 47).

Rechtstädtisches Rathaus ★ 10

Dem Schumannhaus gegenüber prunkt das imposante **Rechtstädtische Rathaus** ***(Ratusz Głównego Miasta)*** mit seinem vornehm-schlanken Glockenturm. Auf seiner Spitze thront in luftigen 82 Metern Höhe die vergoldete Figur des polnischen Königs Zygmunt II. August mit der Wetterfahne in der rechten Hand, darüber schwebend eine Kogge als Symbol der Handels- und Seefahrerstadt.

Das 1378 begonnene Bauwerk an der Mündung der Langgasse in den Langen Markt bildet seit seiner (späten) Vollendung im Jahre 1492 den architektonischen Höhe- und Mittelpunkt des Königswegs. Sein majestätisches Äußeres bekam das Rathaus erst nach dem großen Brand von 1556. Damals verwandelte die mittlerweile wohlhabende Stadt den bis-

Rokoko-Dekor am Uphagenhaus

Neptun in schwungvoller Drehung

herigen schlichten Zweckbau in ein monumentales Repräsentativgebäude. Der flämische Einfluss ist unverkennbar. Zwei Löwen, die das Danziger Wappen tragen, bewachen das Barockportal von 1768. Drinnen beeindruckt die reich geschnitzte Wendeltreppe, die in die oberen Stockwerke mit dem **Museum für Stadtgeschichte** (▸ Seite 71) führt. Hier ist unter anderem die interessante Ausstellung „Danzig – Zerstörung und Wiederaufbau" zu sehen.

Der prunkvollste Raum des Rathauses ist der **Rote Saal** ***(Czerwona Sala),*** wie die Sommerratsstube meist genannt wird, weil die Wände oberhalb der Bänke für die Ratsherren mit rotem Damast bespannt sind. Die wertvolle Innenausstattung des Saales wurde 1943 ausgelagert und konnte dadurch gerettet werden. Die bemerkenswerte Innenarchitektur, die allegorischen Wandmalereien sowie die Entwürfe für die Decke wurden von Hans Vredemann de Fries zwischen 1593 und 1596 geschaffen, einem der größten Meister des niederländischen Manierismus. Die 25 **grandiosen Deckengemälde** (1606–09) stammen von Isaak van den Blocke. Auf dem ovalen Bild in der Mitte sieht man einen römischen Triumphbogen inmitten der Weichsellandschaft, darüber die Stadtansicht Danzigs mit dem polnischen weißen Adler und der Hand Gottes, die den Rathausturm hält. Das Gemälde wird als Verherrlichung der Bindung Danzigs an Polen interpretiert und ist daher als **Danziger Apotheose** bekannt. Es drückt aber auch die existentielle Verbundenheit der Stadt mit der Weichsel aus, deren Verlauf von der Quelle bis zur Mündung der Meister mit einem Regenbogen schmückte. Der monumentale **Prunkkamin** diente nur als Dekoration und ist eine Arbeit aus dem Jahre 1593.

Einen grandiosen Weit- und Rundblick genießt man vom Rathausturm. Zu jeder vollen Stunde erklingt von dort das schöne Glockenspiel von 1561. Der Turm kann von Mai bis September unabhängig vom Museumsbesuch bestiegen werden.

Buchtipp:
Der Artushof

von E.T.A Hoffmann
(Reclam)

Der Roman gibt einen eindrucksvollen Einblick vom herrschaftlichen Leben am Danziger Junkerhof.

Langer Markt 11

Neben dem Rathaus öffnet sich der **Lange Markt** ***(Długi Targ)***, der zu den schönsten Plätzen Europas gezählt werden darf. Ebenso wie die Langgasse bildet er mit hanseatisch geprägten Giebelhäusern eine architektonische Einheit. Hier stehen dicht beieinander zwei der prächtigsten Gebäude des alten Danzig: das Goldene Haus und der **Artushof** ***(Dwór Artusa)*** ★ 12, der seinen Namen in Anlehnung an die Artussage mit der legendären Tafelrunde bekam. Das Haus wurde 1481 spätgotisch errichtet und 1552 nach einem Brand im Renaissancestil wiederaufgebaut. Mitte des 17. Jahrhunderts erfolgte die Umgestaltung im Stil des Manierismus. Die drei großen gotischen Fenster blieben dabei erhalten, das Bauwerk erhielt aber seine charakteristische Attika, den waagerechten Fassadenabschluss mit allegorischen Statuen der Gerechtigkeit, des Glücks und der Tapferkeit. Vor dem Gebäude reckt Merkur, Schutzpatron der reisenden Kaufleute, schwungvoll seinen Arm empor – offenbar bereit für globale Geschäfte.

Recht ausgelassen sollen sich die spätmittelalterlichen Meetings im 350 Quadratmeter großen **Festsaal** abgespielt haben. In dieser beeindruckenden Trink- und Jubelhalle, deren herrliches Sterngewölbe von vier schlanken Granitsäulen getragen wird, pichelten die Danziger Patrizier mit ihren jeweiligen Bruderschaften Tag und Nacht auf angestammten, künstlerisch gestalteten Bänken. Sehr üppig ist die Dekoration: Renaissancegemälde, Rüstungen, Holzplastiken. Große Schiffsmodelle unter der Decke scheinen durch den Raum zu schweben. Das Prunkstück des Saales ist der 12 Meter hohe **Renaissance-Kachelofen** von 1545 mit 268 handbemalten, farbigen Kacheln mit teilweise humorvollen Motiven. Ab 1742 diente dieser Bacchustempel dann als Danziger Han-

Hinter den gotischen Fenstern des Artushof fand wohl so manches Gelage statt

delsbörse und seit dem 19. Jahrhundert finden in dem eleganten Raum Empfänge hoher Gäste und Bankette statt. Günter Grass erhielt hier 1993 seine Ehrenbürgerwürde. Das sorgsam renovierte Gebäude mit dem mächtigen Sandsteinportal, dem E.T.A. Hoffmann 1815 ein literarisches Denkmal setzte, ist Bestandteil des **Historischen Museums** und kann besichtigt werden (▶ Seite 71).

Den wohl schönsten Fassadenschmuck der Stadt besitzt das **Goldene Haus** ***(Złota Kamienica)*** 13. Es entstand vor 1609 nach Plänen des Baumeisters Abraham van den Blocke

Das Mädchen im Fenster

hieß der Bestseller der polnischen Autorin Deotyma aus dem Jahre 1892. Das reale Vorbild für die Heldin des Buches hieß Hedwig (Jadwiga) und lebte im 17. Jahrhundert im obersten Stockwerk des Patriziergebäudes rechts neben dem Artushof – gefangen von ihrem reichen Onkel, der seine schöne Nichte vor den Blicken der Männer schützen wollte. Heute zeigt sich die traurige Hedwig im Frühjahr und Sommer täglich um 13 Uhr am goldumrankten Giebelfenster.

im Stil des niederländischen Manierismus. Die Frontseite zeigt vergoldete Standbilder und Reliefs aus der biblischen und römischen Geschichte. Bekrönt ist das ehemalige Wohnhaus des humanistischen Danziger Bürgermeisters Johann Speymann mit einer Attika und vier Figuren: Kleopatra, Ödipus, Achilles und Antigone (von links nach rechts), ganz oben thront die Glücksgöttin Fortuna.

Vor der Ostfassade des Rathauses steht – stets von vielen fotografierenden Touristen umgeben und von noch mehr Tauben umflattert – der **Neptunbrunnen** ***(Fontanna Neptuna)*** ★ 14. Die kunstvoll modellierte Bronzefigur mit dem Dreizack schwingenden Meeresgott wurde 1633 hier eingeweiht. Nach einer Legende soll Neptun das berühmte Danziger Goldwasser aus dem Brunnen fließen lassen.

Den Abschluss des Langen Marktes markiert das **Grüne Tor** ***(Zielona Brama)*** 15. Das palastähnliche Gebäude aus dem Jahre 1570 war ursprünglich grün gestrichen und eigentlich als Königssuite für ganz hohe Gäste gedacht. Die privilegierte Seestadt nutzte die Räume dann aber doch lieber für eigene Zwecke wie Theateraufführungen und Feiern. Von hier hat man einen glänzenden Blick auf das Rathaus und den gesamten rechteckigen Platz. Der breite Durchgang des Grünen Tores dient abends vielen Straßenmusikern als exklusive Bühne.

Blick über die Mottlau & Lange Brücke

Jenseits des Grünen Tores überquert die **Grüne Brücke** die Mottlau. Von dort eröffnet sich die wohl spektakulärste Sicht auf das historische Dan-

Antike Heldenfiguren schmücken das Goldene Haus am Langen Markt

zig. Linker Hand fällt der Blick auf die vornehmen Handelshäuser, die Wassertore und das in der Mitte der Uferpromenade thronende Krantor. **Lange Brücke *(Długie Pobrzeże)*** 16 wird dieses stadtseitige Mottlau-Ufer vielleicht etwas irreführend genannt. Die Grüne Brücke verbindet den Langen Markt mit der **Speicherinsel** 19. Von hier aus lässt sich in rund 15 Gehminuten das **Nationalmuseum** 37 (▸ Seite 62) in der **Alten Vorstadt** erreichen. Wir setzen unseren Rundgang aber am Mottlau-Ufer fort.

Hier, wo heute die **Dampfer der Weißen Flotte** nach Sopot, Gdynia und zur Halbinsel Hel ablegen, war früher der geschäftige Binnenhafen der Hansestadt. Hier schlug über Jahrhunderte das Herz Danzigs, hier gingen Barken, Holken, Karavellen, Koggen und wie auch immer die mittelalterlichen Cargo-Schiffe hießen, vor Anker, um Salz, englische Tuche, Wein und Heringe zu liefern. Voll mit Getreide, Holz und Teer verließen sie die Stadt über die Bucht in alle Herren Länder. Aber auch die ziselierten Goldschmiedearbeiten und die unnachahmlichen Möbel mit ihren herrlichen Intarsien aus den Danziger Werkstätten waren in den reichen Häusern ganz Europas damals höchst begehrt. Fast ebenso berühmt war das Danziger Bier. Es gab im 15. Jahrhundert um die 150 Brauer. Aber der Fernhandel blieb die wichtigste Quelle des Danziger Wohlstands. Das selbstbewusste Patriziat emanzipierte sich ganz selbstverständlich von fast allen Beschränkungen, denen die anderen polnischen Städte unterlagen. So erkannte man zwar zwischen 1454 und 1793 die Schutzhoheit des polnischen Königs an, hatte aber völkerrechtlich eher den Status einer Stadtrepublik. Schließlich erhob Danzig eigene Steuern, prägte eigene Münzen und führte eigenständig Kriege – 1576/77 sogar gegen Polen.

Die Lange Brücke war bis zum Zweiten Weltkrieg auch die Bühne

Lange Brücke wird die stadtseitige Uferpromenade der Mottlau genannt

des Volkes mit typischer Hafenatmosphäre. Hier gediehen die Danziger Originale: die den ganzen Tag Tabak kauenden „Mottlauspucker" und halbstarken Bowkes sowie die mürrischen, im breiten Danziger Missingsch-Dialekt schimpfenden Fischweiber – Goldherz und Giftzahn stets eng beieinander. Wenn das **Krantor** ★ 17 erzählen könnte ... !

Der größte Kran im mittelalterlichen Europa ist eindeutig das zentrale Bauwerk am Kai, ***Żuraw*** heißt es auf Polnisch. Das 27 Meter hohe Wahrzeichen der Stadt wurde 1444 erbaut und diente zum Aufrichten der schweren Masten der Segelschiffe sowie zum Beladen und Löschen derselben. Zwei massive halbrunde Basteien sind durch einen hölzernen Kranaufbau in der Mitte verbunden. Die Hebevorrichtung besteht aus zwei Trommelrädern, die vier Arbeiter mit ihren Füßen in Bewegung setzten. Heute ist das bedeutende Industriedenkmal Bestandteil des **Nationalen Meeresmuseums** (▸ Seite 70). Direkt neben dem Krantor befindet sich in einem modernen Glasgebäude das **Zentrum der Meereskultur** (▸ Seite 70) mit mehreren Ausstellungen zur Seefahrt.

Die Lange Brücke längs der Mottlau ist seit der Wende neben der Langgasse die touristische Bummel- und Flaniermeile der Rechtstadt schlechthin, mit vielen Schmuck- und Bernsteingeschäften, Souvenirläden und Bierterrassen sowie zahlreichen Promenadenrestaurants. Der Kai endet am **Fischmarkt *(Targ Rybny)*** mit dem runden mittelalterlichen **Schwanenturm** 18. Ein Fischmarkt findet hier schon lange nicht mehr statt. Dafür jährlich im August der berühmte **Dominikanermarkt** (▸ Seite 32). Dahinter, schon auf Altstadtboden, stand bis zu ihrer Zerstörung 1454 die mächtige Burg des Deutschen Ritterordens.

Die Mottlau-Inseln

Auf der **Bleihofinsel *(Wyspa Ołowianka)*** und der benachbarten, künstlich angelegten **Speicherinsel *(Wyspa Spichrzów)*** 19 standen einst bis zu 340 Speicher, gebaut aus Backstein oder im Fachwerkstil. Hier lagerte im 16. und 17. Jahrhundert der immense Reichtum der Hansestadt, vor allem Getreide und Holz, aber auch Schiffsfracht, um die Preise durch „planmäßige" Warenknappheit hochzutreiben.

Mittlerweile hat man auf den beiden über Jahrzehnte vernachlässigten Stadtinseln die tristen Kriegsruinen weitgehend beseitigt und moderne Quartiere hochgezogen. Schon 2002 war auf der Bleihofinsel der Umbau aus dem neugotischen Siemens-Elektrizitätswerk von 1898 in die stylisch-moderne **Baltische Philharmonie** (▸ Seite 67) beendet. Dahinter befördert das **Riesenrad AmberSky** Besucher zum Stadtausguck in die Lüfte (▸ Seite 68). Eine Promenade führt am Mottlauufer entlang, bald sollen noch ein Marktplatz, Galerien und Cafés Touristen anlocken.

Das **Nationale Meeresmuseum** (▸ Seite 70) hat auf der Insel in drei rekonstruierten Speichern seinen Hauptsitz, größtes „Exponat" ist der am Kai vertäute Frachter ***Sołdek,*** das erste polnische Schiff, das 1948 in der Danziger Werft vom Stapel lief. Außer mit der Museumsfähre neben dem Krantor kommt man jetzt auch über eine moderne Fußgängerklappbrücke nahe dem Fischmarkt zur kleineren der beiden Inseln.

Die Neubebauung der 1945 stark zerstörten Speicherinsel – zur Hansezeit das größte Speicherviertel Europas – besitzt im Gegensatz zur Bleihofinsel keine Prestigebauten. Es entstanden Fachwerk-Getreidespeicher auf dem Südteil und in der Inselmitte eine Wohnsiedlung jeweils im Retrostil. Ruinenreste alter Speicher hat man teilweise in die moderne Gestaltung integriert. Als einziges historisches Baudenkmal blieb das gotische **Milchkannentor *(Brama Stagiewna)*** von 1519 erhalten, bestehend aus der größeren „Milchkanne" und dem „Sahnekännchen" daneben.

Die Königliche Kapelle – ein Farbtupfer

Wassertore

Nur einen Steinwurf vom Fischmarkt entfernt erhebt sich auf sumpfigem Grund die mächtige, spätgotische **Johanneskirche** ***(Kościół św. Jana)*** **20**. Das im Krieg schwer zerstörte Gotteshaus wurde über viele Jahre saniert und ist nun wieder zugänglich. Hier finden jetzt regelmäßig Konzerte und Kunstausstellungen statt.

Von den sechs Wassertoren an der nördlichen Uferpromenade der Mottlau – den Zugängen zum früheren Binnenhafen – zweigen jeweils rechtwinklig zum Fluss Gassen mit sehenswerten Giebelhäusern ab. Etwa die **ul. Chlebnicka,** die ehemalige Brotbänkengasse. Hier wohnten früher die Bäcker, die ihre Brote draußen auf Bänken anboten. Interessant ist das Haus Nr. 16, das **Englische Haus** ***(Dom Angielski)*** **21** aus dem Jahre 1570. Der „Wolkenkratzer" der Renaissance war damals das höchste Gebäude der Stadt und gehörte einem Engländer. Die Fassade mit der Nr. 14 gibt es doppelt, hier stehen Sie vor der Kopie. In das Original verliebte sich 1822 der spätere preußische König Friedrich Wilhelm III. Er ließ sie kurzerhand abbrechen und nach Berlin befördern. Seitdem befindet sie sich auf der Pfaueninsel im Wannsee, als Schaufassade des dortigen Kavalierhauses.

In der **ul. św. Ducha (Heiliggeistgasse)** Nr. 111/113 wurde 1766 die Schriftstellerin Johanna Schopenhauer geboren. Lange suchen müssen Sie nach dem Haus nicht, schauen Sie einfach nach oben, es ist das Gebäude mit der Schildkröte als Giebelbekrönung, das **Schildkrötenhaus** **22**. Nach der Geburt ihres Sohnes Arthur im Jahre 1788 zog sie in das Haus Nr. 114, das nicht wiederaufgebaut wurde. Fünf Jahre später verließ die Familie Danzig für immer. „Der Preuß ist über Nacht gekommen. Das Unglück überfiel wie ein Vampir meine dem Verderben geweihte Vaterstadt und saugte jahrelang ihr bis zur völligen Entkräftung das Mark des Lebens aus", schrieb Johanna Schopenhauer rückblickend. Auch der Philosoph kehrte nie in seine Heimatstadt zurück.

Das prächtigste Gebäude dieser Straße ist die **Königliche Kapelle** ***(Kaplica Królewska)*** **23** von 1681. Stifter dieses überkuppelten Zentralbaus war der polnische König Jan III. Sobieski. Er ließ das barocke Gotteshaus in unmittelbarer Nachbarschaft zur streng gotischen und damals evangelischen Marienkirche errichten, um die katholische Religionsausübung in der Stadt zu fördern. Die Skulpturen an der Fassade stammen von dem Berliner Baumeister Andreas Schlüter, davor, am Löwenbrunnen, schießen fotogen Fontänen empor. Der Kirchenraum ist nur zur Messe (Sonntag, 11 Uhr) zugänglich.

via Tipp Frauengasse *(ul. Mariacka)* 24

Eins der schönsten verbliebenen Wassertore ist sicherlich das **Frauentor** ***(Brama Mariacka)*** 25 mit seinem charakteristischen hohen Turm. Gleich daneben zeigt das **Archäologische Museum** Funde aus der Danziger Frühgeschichte (▸ Seite 70).

Am Tor aus dem 14. Jahrhundert biegt man zur mit Kopfstein gepflasterten **ul. Mariacka** ab. Die ehemalige **Frauengasse** ist die architektonisch und atmosphärisch reizvollste Gasse des alten Danzig. Mit einer unglaublichen Sorgfalt und Detailverliebtheit haben hier die polnischen Restauratoren nach dem Krieg die wunderbaren Giebelgebäude im Stil der Gotik, der Renaissance, des Barock und Rokoko sowie vor jedem Haus die traditionellen Danziger **Beischläge** neu erstehen lassen. Diese mit vielfältigen Steinreliefs und Wasserspeiern in Drachenform geschmückten Vorbauten, einst für die Patrizier repräsentative Sommersalons unter freiem Himmel, dienen heute Pubs und Galerien als Terrasse. Der Blick schweift von den Kellergeschäften, die höchst anspruchsvollen Bernsteinschmuck anbieten, über die grandiose Fassadenherrlichkeit bis zur gewaltigen roten Backsteinfront der Ostseite der Marienkirche ganz am Ende der Gasse.

In der Frauengasse lässt sich während eines längeren Stadtspaziergangs gut eine Pause einlegen, zum Beispiel im plüschig-netten Café *Kamienica* (ul. Mariacka 37/39). Hier kann man bei Kaffee und gutem Kuchen bestens verschnaufen und von der Beischlagsterrasse dem Trubel auf der belebten Gasse zuschauen.

Erweiterter Empfangsbereich: Danziger Beischläge in der Frauengasse

Marienkirche *(Bazylika Mariacka)* ★ 26

Das früher im Volksmund „Dicke Marie" genannte Gotteshaus ist die größte gotische Backsteinkirche der Welt: 105 Meter lang, 68 Meter breit und fast 30 Meter hoch. Bemerkenswert ist, dass sie bis zu 25 000 Besuchern Platz bietet, aber vor allem, dass sie an den höchsten christlichen Feiertagen bis auf den letzten Platz besetzt ist. Ihr lichter dreischiffiger Innenraum mit herrlichen Netz- und Sterngewölben war einst berühmt für seine überaus reiche Ausstattung, von der ein größerer Teil im Krieg zerstört wurde. Trotzdem ist die Anzahl der wertvollen Exponate noch beträchtlich. 31 Seitenkapellen säumen die Wände, die meisten sind Stiftungen reicher Patrizier. In der Reinholdskapelle an der nördlichen Seite des Turmes hängt die Kopie des **Jüngsten Gerichts,** das Original von Hans Memling befindet sich im Danziger Nationalmuseum (▸ Seite 63).

Im selben Raum steht eine wunderschöne **Pietà** aus dem Jahre 1410. Der Meister ist unbekannt, aber vermutlich stammt von ihm auch die Sandsteinskulptur der **Schönen Madonna** (um 1420) in der **Annenkapelle,** eines der Hauptwerke spätmittelalterlicher deutscher Plastik. Die 13 Meter hohe **Astronomische Uhr** (1464/70) an der Sakristeiwand stammt von Hans Düringer aus Nürnberg. Neben der Uhrzeit zeigt sie auch das Datum, kirchliche Feiertage, Mondphasen und die Namen der Kalenderheiligen an. Unten ist das Kalendarium, darüber die Himmelsscheibe und oben ein Figurenwerk mit den Aposteln, den Evangelisten sowie Adam und Eva mit der Schlange, die laut die volle Stunde anschlagen. Damit das technische Wunderwerk ein Unikat bleibe, hat man – der Legende nach – den armen Uhrmacher gleich nach der Fertigstellung geblendet.

Nicht minder makaber ist die überlieferte Entstehungsgeschichte des

Die Ausmaße der Marienkirche werden von oben besonders deutlich

herrlichen **Kruzifix Christi Todeskampf** in der **Kapelle der Elftausend Jungfrauen** neben dem Hochaltar. Die Arbeit aus dem Jahre 1430 ist so trefflich gelungen, dass man munkelte, der Künstler habe den Bräutigam seiner Tochter als lebensnahes Vorbild für sein Werk ans Kreuz genagelt. Der fünfflügelige, reich verzierte **Hochaltar** entstand 1517. Doch schauen Sie auch nach unten, im Kirchenboden befinden sich mehrere interessante **Grabplatten,** neben der Schönen Madonna zum Beispiel die des schlesischen Barockdichters Martin Opitz (1597–1639). Und wenn Sie die etwas beschwerlichen 504 Stufen bis zur Plattform des 78 Meter hohen Turmes erklimmen, liegt Ihnen die Rechtstadt zu Füßen.

Großes Zeughaus 27 & Nikolaikirche 28

Geht man von der Marienkirche die ul. Piwna (Jopengasse) entlang, stößt man am Ende der Straße auf das **Große Zeughaus** ***(Wielka Zbrojownia).*** Der 1605 vollendete Monumentalbau des Architekten Antoni van Obberghen gilt als eines der bedeutendsten Bauwerke des niederländischen Manierismus im Ostsee-

Buchtipp: Tod in Danzig

von Stefan Chwin
(rororo)
Der Roman befasst sich eindrucksvoll mit dem Kriegsende in Danzig, mit Flucht und Vertreibung.

Die Astronomische Uhr ist 13 Meter hoch

raum. Vor der prächtig geschmückten Frontseite des einstigen Danziger Waffenarsenals steht ein Brunnenhäuschen, aus dem jedoch kein Wasser, sondern Kanonenkugeln gehoben wurden. Nur rund 200 Meter weiter nördlich befindet sich die **Nikolaikirche** ***(Bazylika Świętego Mikołaja),*** gewidmet dem Schutzpatron der Fischer und Seeleute. Die ehemalige Klosterkirche der Dominikaner wurde 1380 vollendet und überstand als einziges Gotteshaus im Zentrum den Krieg nahezu unbeschadet. So blieb die reiche Ausstattung aus dem 17. und 18. Jahrhundert vollständig erhalten. Besonders bemerkenswert ist das barocke Chorgestühl und der Hochaltar, der sich über die ganze obere Ostseite des Presbyteriums erstreckt. Beliebt sind die Orgel- und Chorkonzerte während des Dominikanermarktes.

Die Markthalle lockt mit bunten Ständen, hier gibt es nicht nur Obst und Gemüse

Markthalle *(Hala Targowa)* 29

Gleich neben der Nikolaikirche befindet sich die dreistöckige Markthalle aus rotem Backstein, 1896 im neugotischen Stil dort erbaut, wo sich zuvor das Klostergebäude der Dominikaner befunden hatte. Durch die grundlegende Modernisierung vor einigen Jahren büßte die Halle drinnen leider weitgehend ihr früheres basarhaftes Flair ein, aber sie ist sicherlich das schönste Einkaufszentrum in der historischen Innenstadt geblieben. Ein Hingucker ist der Süßigkeitsstand im Untergeschoss mit prall gefüllten Regalen. Draußen reihen sich unter einem schützenden Dach wie eh und je die farbenfrohen Gemüse-, Obst- und Blumenstände aneinander (▶ Seite 68). Gegenüber blieb der mittelalterliche **Turm Jacek** erhalten. Er hieß einst „Kiek en de Kök", weil man von dort oben aus in die gewiss nicht dürftig ausgestattete Küche des (längst abgetragenen) Dominikanerklosters gucken konnte.

Altstadt & Werftgelände

In der an die Rechtstadt unmittelbar angrenzende **Altstadt *(Stare Miasto)*** lebten ab dem 12. Jahrhundert polnische und kaschubische Handwerker sowie Fischer. Sie stand stets im Schatten der mächtigen und weitaus reicheren Rechtstadt, was sich auch in der Architektur ausdrückt. Nach dem Krieg hat man hier nur die bedeutendsten Sehenswürdigkeiten wiederaufgebaut. Sie konzentrieren sich entlang des **Radaunekanals *(Kanał Raduni)***, den der Deutsche Orden 1338 anlegte.

Katharinenkirche 30

Nur einen Katzensprung entfernt von der rechtstädtischen Markthalle erhebt sich die **Katharinenkirche *(Kościół św. Katarzyny)***. Die älteste Kirche Danzigs aus dem 13. Jahrhundert steht bereits auf Altstadt-Boden. Ein Großbrand im Jahre 2006 zerstörte Teile ihrer Inneneinrichtung. Die dreischiffige Hallenkirche wird seitdem restauriert, sie ist aber für Besucher geöffnet. Der dominante, quadratische Westturm stammt jedoch aus dem späten 15. Jahrhundert, den barocken Helm hat man ihr 1634 aufgesetzt. Mit seinen 76 Metern erreicht der Turm fast die Höhe der Marienkirche.

Vom Balkon des Turmhelms blickt man weit über die Stadt. Seit 1996 ist hier ein kleines **Turmuhrenmuseum** eingerichtet. Das Glockenspiel im Turm spielt zu jeder vollen Stunde Beethovens „Freude schöner Götterfunken". Im Chorraum liegt der berühmte Danziger Astronom **Johannes Hevelius** (1611–1687) begraben. Sein bürgerlicher Name war Höwelcke und sein Hauptwerk „Selenographia" war die erste Beschreibung der Mondoberfläche. Nebenbei betätigte sich der Wissenschaftler als Bierbrauer, um seine Forschungen zu finanzieren. Eins der besten Biere der Stadt ist nach ihm benannt: „Heweliusz".

Die am Ende des 14. Jahrhunderts erbaute **Brigittenkirche *(Kościół św. Brygidy)*** 31 unmittelbar dahinter diente den Brigittennonnen als Klosterkirche. Sie brannte 1945 völlig aus, wurde aber in den 1970er-Jahren wiederaufgebaut. In den politisch turbulenten Tagen des Jahres 1980 und während des Kriegsrechts war die Kirche des Prälaten Henryk Jankowski die wichtigste Zufluchtsstätte der streikenden Werftarbeiter und der illegalen Gewerkschaftsbewegung Solidarnośc. 1992 gab Papst Johannes Paul II. der Kirche die Würde einer Basilika minor. Drinnen erinnert eine Skulptur an den 1984 vom Geheimdienst ermordeten Priester **Jerzy Popiełuszko.** Den 28 Werftarbeitern zu Ehren, die 1970 bei Protesten getötet wurden, entsteht seit

Blick vom Hewelius-Denkmal auf die Große Mühle und den Turm der Katharinenkirche

mehreren Jahren im Chor peu à peu ein einzigartiger tonnenschwerer, 11 Meter hoher und 6 Meter breiter Bernsteinaltar mit der Muttergottes in der Mitte. Er hat die Form einer aufstrebenden Lilie.

Große Mühle 32

Die **Große Mühle** ***(Wielki Młyn)*** gegenüber der Katharinenkirche steht auf einer Insel, an der sich der Radaunekanal gabelt. Sie wurde bereits um das Jahr 1350 vom Deutschen Ritterorden gebaut und war damals mit 18 Mühlrädern die größte Getreidemühle in Europa. Unter ihrem riesigen Satteldach befand sich die Mühle, eine Großbäckerei und sechs Lagerstockwerke. Die Mühle war noch bis zu ihrer Zerstörung 1945 in Betrieb. Nach der Wende nutzte man das historische Gebäude als Einkaufszentrum. Seit Juni 2021 ist hier das sehr sehenswerte **Bernsteinmuseum** untergebracht (▸ Seite 71).

Denkmal an der Polnischen Post

Altstädtisches Rathaus 33

Das Gebäude des **Altstädtischen Rathauses** ***(Ratusz Staromiejski)*** entstand in den Jahren 1587–1595. Baumeister war der junge Antoni van Obberghen. Er schuf ein fast kubisches Bauwerk im typischen Stil des flämischen Manierismus. Besonders charakteristisch ist sein dreistöckiger Glockenturm. Das ehemalige Rathaus wird heute vom Baltischen Kulturzentrum mit Festsaal, einer Galerie und im schönen Gewölbekeller von einem Restaurant genutzt.

Polnische Post 34

Am östlichen Rand der Altstadt steht das Gebäude der legendären Polnischen Post, die fast zeitgleich mit dem Überfall auf die Westerplatte am 1. September 1939 von SS-Mannschaften beschossen wurde. Der mutige Widerstand der 56 Postmitarbeiter gegen die Übermacht der Nazis hielt vierzehn Stunden. Die Kapitulation erfolgte erst, als die Deutschen das Gebäude mit Flammenwerfern in Brand setzten. Zwölf Postangestellte wurden erschossen, als sie mit weißer Fahne das Gebäude verließen, 39 weitere hat man einige Wochen später liquidiert. Das ehemalige Postamt Nr. 1 der Freien Stadt Danzig entstand 1925 auf der Grundlage des Versailler Vertrags, in dem Polen die Verwaltung des Postwesens in der Stadt übertragen worden war.

Ein kleines **Museum** (▸ Seite 71) erinnert an die Geschichte der Post, ein sehr heroisches **Denkmal** an den polnischen Widerstand. Ein literarisches Denkmal setzte Günter Grass den

Postverteidigern in seiner „Blechtrommel“.

Werft 35

Nur etwa 10 Gehminuten sind es noch von der Brigittenkirche bis zum weitläufigen, 73 Hektar großen Gelände der ehemaligen Werft. Sie war 1948 aus zwei ehemals deutschen Schiffsbauern, der Danziger und der Schichau-Werft, hervorgegangen. Unter dem Namen Lenin-Werft avancierte sie schnell zum größten polnischen Schiffsbauer, der sich vor allem auf Frachtschiffe spezialisierte. In diesen florierenden Jahren waren hier bis zu 18000 Arbeiter beschäftigt. 1996 musste das traditionsreiche Unternehmen Konkurs anmelden. Gegen die Konkurrenz aus Asien war kein Kraut mehr gewachsen. Die Werftarbeiter, die wenige Jahre zuvor den Kommunismus herausgefordert hatten, wurden arbeitslos.

Direkt vor dem Haupttor der Werft liegt der **Platz der Arbeitersolidarität.** Auf ihm wurde im Dezember 1980 das 42 Meter hohe, stählerne **Denkmal für die gefallenen Werftarbeiter** errichtet. Es ist den 44 Arbeitern gewidmet, die während der Streiks im Dezember 1970 bei Polizei- und Militäreinsätzen ihr Leben verloren. Drei mit Ankern versehene Kreuze erinnern an die tragischen Ereignisse. Die erneuten Streiks der Danziger Werftarbeiter im Sommer 1980 führten zu einer landesweiten Ausdehnung von Protesten und Aufständen. Die Werft wurde zur Wiege der Gewerkschaft Solidarność, die die kommunistische Staatsregierung wenig später im „Danziger Abkommen“ schließlich anerkannte. Heute zeigt das 2014 eröffnete **Europäische Zentrum der Solidarität** (▸ Seite 70) mit einer multimedialen Ausstellung

Das Europäische Zentrum der Solidarität

zahlreiche Zeugnisse dieser turbulenten Jahre. Das beeindruckende Cortenstahl-Gebäude mit seiner rostroten Fassade erinnert an einen Schiffsrumpf. Architektonisch einbezogen hat man den Platz der Solidarität mit dem Denkmal, das legendäre **Werfttor Nr. 2** und die **Arbeitsschutzhalle der Danziger Werft,** wo 1980 die Verhandlungen der Streikenden mit der Regierungskommission stattfanden.

Auf dem großteils noch unsanierten Werftgelände ist schon seit Jahren das Projekt **„Junge Stadt“** ***(Młode Miasto)*** mit Luxusapartments geplant. Mittlerweile hat sich in den postindustriellen Bauten ein alternatives Nachtleben-Viertel mit Live-Musik und mobilen Bars rund um die ul. Elektryków entwickelt.

Die Alte Vorstadt

Die **Alte Vorstadt** ***(Stare Przedmieście)*** liegt südlich der Rechtstadt und ist von ihr durch die viel befahrene Straße Podwale Przedmiejskie getrennt. Sie wurde 1380 vom Deutschen Orden als Gegengewicht zur ökonomisch aufstrebenden Rechtstadt gegründet. Ein günstiger Ausgangspunkt für diesen kleinen Rundgang ist die Langgasse in der Rechtstadt oder die Speicherinsel. Absolutes Highlight dieses vom Touristenstrom vernachlässigten Stadtteils ist das Nationalmuseum.

Trinitatiskirche 36

Mit dem Bau der spätgotischen Kirche begannen die Franziskaner im Jahre 1422. Sie wurde zunächst einschiffig errichtet, Anfang des 16. Jahrhunderts aber als mächtige, dreischiffige Hallenkirche vollendet. Damit ist **St. Trinitatis** ***(Kościół pw. Świętej Trójcy)*** die zweitgrößte Kirche Danzigs nach der Marienkirche. Nach der Auflösung des Franziskanerklosters im Jahre 1555 als Folge der Reformation entstand im nördlichen Seitenschiff ein Armenasyl.

Das weitgehend schmucklose Äußere von St. Trinitatis ist von großen Spitzbogenfenstern geprägt. Eine Ausnahme bildet die Westfassade. Sie wird von drei überaus prachtvollen gotischen Giebeln bekrönt, Meisterwerken der nordeuropäischen Backsteinarchitektur, wie sie in Danzig sonst nirgends zu sehen sind.

Hier an der Weststeite wurde im Jahre 1484 die St. Annenkapelle angebaut, der achteckige Glockenturm stammt aus dem Jahre 1495. Die reiche Innenausstattung der Kirche ist weitgehend erhalten geblieben.

Franziskanerkloster mit Nationalmuseum 37

Seit 1972 befindet sich im alten Kloster neben der Trinitatiskirche das **Nationalmuseum in Danzig** ***(Muzeum Narodowe w Gdańsku)*** mit sieben Abteilungen. Besonders reichhaltig sind die Sammlungen mittelalterlicher Plastiken aus Pommern, der Goldschmiedekunst und der Zinngegenstände des 15.–19. Jahrhunderts, großartig die kunstvoll geschnitzten Danziger Möbel vom Mittelalter bis zum 18. Jahrhundert.

Großen Raum nimmt die Abteilung Malerei ein: Hier sind Gemälde flämischer Renaissance- und Barockmeister wie Pieter Brueghel d. Ä. und Anthonis van Dyck zu sehen, aber auch viele Werke von Anton Möller (1563–1611), dem „Maler von Danzig“, der vor allem biblische und allegorische Bilder schuf.

Befestigungsring mit Bastionen 38

Die Danziger Befestigungsanlagen sind seit 1945 vergessene Orte. Wohl deshalb konnten sie sich einen einzigartigen Charme bewahren. Mit dem Bau wurde 1621 begonnen, erst fast hundert Jahre später wurde er abgeschlossen. Als Vorbild diente die italienische Festungsbaukunst der Renaissance. Für diese gewaltige Verteidigungsanlage musste man eigens einen Nebenarm der Mottlau anlegen.

Von den ursprünglich vierzehn Bastionen sind noch sechs weitgehend erhalten. Die bekannteste ist die **Bastion St. Gertrud** ***(Bastion Gertrudy)*** mit Aussichtspunkt. Östlich von ihr steht das **Leegetor** ***(Brama Nizinna).***

Die Odyssee des „Jüngsten Gerichts"
Ein begehrtes Kunstobjekt

Welches Schicksal erwartet am Jüngsten Tag wohl Kunsträuber?

Der zweifellos größte Schatz des Danziger Nationalmuseums ist das monumentale Triptychon „Das Jüngste Gericht" von Hans Memling aus dem Jahre 1472. In der Mitte des Triptychons wiegt der Erzengel Michael die nackten Erdenbewohner auf einer Waage und scheidet so die Gerechten von den Ungerechten. Während er die Bösen daraufhin rechts ins Höllenfeuer stürzt, dürfen die Guten linker Hand mit Samt bekleidet das Himmelreich betreten.

Recht abenteuerlich ist die Irrfahrt, die das Kunstwerk hinter sich gebracht hat: Der Danziger Kapitän Paul Beneke raubte es 1473 auf hoher See, als das Meisterwerk gerade von Brügge zu seinem Florentiner Auftraggeber unterwegs war. Der fromme Kapitän vermachte es daraufhin der Marienkirche seiner Heimatstadt. Rückforderungen des Eigentümers und sogar die Banndrohung des Papstes ignorierte man geflissentlich.

Auch Napoleon gefiel das Gemälde. Er packte es 1807 in seinen Beutesäckel und ließ es im Pariser Louvre aufhängen. Einige Jahre später kam es über Berlin nach Danzig zurück. Im Zweiten Weltkrieg nach Thüringen ausgelagert, brachten die Russen das Bild nach Moskau. Seit 1956 ist es wieder in Danzig zu bewundern.

Praktische Tipps

Hinkommen

EC-Direktverbindung (6 Std.) oder Bus (9 Std.) ab Berlin, etliche Direktflüge aus Deutschland (▸ Seite 158)

Stadtverkehr Danzig

Ein dichtes Netz öffentlicher Verkehrsmittel verbindet die Teile der Dreistadt Danzig, Sopot, Gdynia sowie die Danzig-Vororte Oliwa und Wrzeszcz (Langfuhr). Die Tickets für die Straßenbahnen *(tramwaj)* und Busse *(autobus)* kauft man an Automaten und an den grünen sogenannten *Ruch*-Kiosken (Netzpläne unter www.ztm.gda.pl).

Empfehlenswert ist der schnelle Stadtzug SKM Kolejka. Von früh morgens bis etwa 1 Uhr nachts pendelt er alle 10 bis 20 Minuten zwischen dem Danziger Hauptbahnhof und den Dreistadt-Stationen Sopot und Gdynia Głowna. Tickets bekommt man an Automaten auf dem Bahnsteig oder am Bahnhofsschalter. Die Preise richten sich nach der Anzahl der Haltestellen, Kinder unter vier Jahren fahren kostenlos (www.skm.pkp.pl).

Günstig für Vielfahrer ist die **Touristenkarte *(karta turysty)*** mit dem Verkehrsticket. Damit kann man alle öffentlichen Verkehrsmittel in Danzig, Sopot und Gdingen kostenfrei nutzen. Man bekommt sie online, am Hauptbahnhof, am Flughafen und bei den Touristeninformationen (www.kartaturysty.visitgdansk.com).

Eine **Wassertram *(tramwaj wodny)*** fährt in den Sommermonaten vom Danziger Fischmarkt zur Westerplatte, nach Neufahrwasser *(Nowy Port)* (▸ Tour 1, Seite 72), nach Sopot und zur Halbinsel Hel ab.

Das Bahnhofsgebäude von 1900

Gut zu wissen

Städtische Touristeninformation
Info-Broschüren, Audio-Guides, Touristenkarte.
Długi Targ 28–29 (neben dem Grünen Tor) | Tel. (58) 301 43 55 | www.gdansk.pl und www.gdansk4u.pl | Mai–Sep. tgl. 9–19, sonst tgl. 9–17 Uhr

Pommersche Touristeninformation
Infos zu Stadt und Woiwodschaft.
Wały Jagiellońskie 2a (im Hohen Tor) | Tel. (58) 732 70 41 | www.pomorskie.travel

Tourismusinformation PTTK
Die Polnische Touristik- und Landeskundegesellschaft hat ein gutes Angebot an Land- und Wanderkarten sowie touristischen Publikationen.
Długi Targ 45 (im Schumannhaus) | Tel. (58) 301 91 51 | www.pttk-gdansk.pl

Gut gebettet

Hotel Wolne Miasto 1

Vom familiär geführten 3-Sterne-Hotel in der Rechtstadt sind die berühmtesten Sehenswürdigkeiten der alten Hansestadt sämtlich gut zu Fuß erreichbar. Alle 62 Zimmer – darunter Familienzimmer und Apartments – sind elegant im Stil der 1920er-Jahre eingerichtet und nostalgisch in Goldtönen gehalten. Der Standard variiert, zur Ausstattung gehören Marmorbad, Safe, Flachbild-TV, kostenfreies WLAN. Hotelrestaurant mit traditioneller polnischer Küche. Kostenpflichtige Parkplätze.

Ul. Sw. Ducha 2 | Tel. (58) 322 24 42 | www.hotelwm.pl | €€

Kamienica Gotyk 2

Kleines Hotel mit geschmackvoll eingerichteten und klimatisierten Zimmern, Familienzimmer und einem zweistöckigen Apartment. Das schmale „Gotische Haus" mit schönem Beischlag in der Frauengasse ist das älteste Wohngebäude Danzigs, es stammt aus dem Jahre 1451. Das gleichnamige Café-Pub um die Ecke mit historischem Interieur ist empfehlenswert.

Ul. Mariacka 1 | Tel. (58) 301 85 67 | www.gotykhouse.eu | €€

Dom Muzyka

Das „Musikerhaus", eine ehemalige preußische Kaserne von 1873, wurde 2001 restauriert. 87 komfortable, geräumige Zimmer in Altstadtnähe. Restaurant mit internationaler Küche.

Ul. Łąkowa 1–2 | Tel. (58) 326 06 00 | www.dommuzyka.pl | €€

Szydłowski

Familien-Hotel im Bezirk Wrzeszcz (Langfuhr) mit 35 stilvollen und klimatisierten Zimmern. WLAN, Hallenbad, Sauna, Wellness-Studio. Im Hotelgebäude: Französisches Restaurant und Café-Konditorei der Familie Szydłowski. Gästeparkplatz.

Al. Grunwaldzka 114 | Tel. (58) 345 70 40 | www.szydlowski.pl | €€

Von Suppe bis Torte

Bar Mleczny Neptun 1

Die zweistöckige Neptun-Milchbar liegt mitten im Touristenstrom der Langgasse. Sogenannte Milchbars gibt es noch in mehreren polnischen Städten. Sie genießen seit Jahrzehnten absoluten Kultstatus. Ihr Name ist ein bisschen irritierend, es handelt sich eher um öffentliche Kantinen, gastronomische Urgesteine aus sozialistischer Zeit, die die Wendezeit überlebt haben und äußerst preisgünstige, urpolnische Gerichte in Selbstbedienung anbieten: Suppen, Piroggen, Pfannkuchen *(naleśniki)*, Fleischgerichte, Kuchen. Sehr schmackhafte Hausmannskost, kleine Sommerterrasse. Am Wochenende Livemusik.

Ul. Długa 33/34 | www.barneptun.pl | Mo–Fr 7.30–19, Sa/So 10–19 Uhr

Gdański Bowke 2

Restaurant in wunderbarer Lage am Mottlau-Ufer, gekocht wird mit regionalen Produkten. Vom Ostseehering bis zu karamellisierten Rippchen, Piroggen, Bigos und Eisbein sind alle Gerichte glutenfrei, es gibt auch vegetarische/vegane Speisen. Das leckere, nicht pasteurisierte Bier *Gdański Bowke* stammt aus einer kleinen Familienbrauerei. Freundlicher Service, tolle Sommerterrasse, regelmäßig Live-Musik.

Ul. Długie Pobrzeże 11 | Tel. (58) 380 11 11 | www.gdanskibowke.com

Danziger Goldwasser

Anis, Rosenholz und Pfefferkraut sind neben den namensgebenden hauchzarten Blättchen reinen 22karätigen Goldes wichtige Bestandteile des berühmtesten Danziger Getränks. Ab 1598 war der Gaststätte „Zum Lachs" die älteste Danziger Likörfabrik angeschlossen, die der Holländer Ambrosius Vermöllen gegründet hatte. Hier wurde nach einem aus dem Jahre 1606 stammenden Rezept über mehrere Jahrhunderte das Danziger Goldwasser hergestellt. Mittlerweile kann man das traditionsreiche Getränk auch in mehreren Danziger Geschäften kaufen – ein beliebtes Danzig-Mitbringsel. Den „Lachs", das berühmteste und traditionsreichste Lokal der Stadt, gibt es seit Ende des Jahres 2019 leider nicht mehr.

Tawerna Mestwin 3

Das Ambiente des Familienrestaurants ist mit viel Liebe fürs (kaschubische) Detail gestaltet, old fashioned und sehr gemütlich. Ein Gaumenschmaus sind die Gerichte der kaschubischen Küche. Abseits der Touristenströme, günstig und freundlich.

Ul. Stragarniarska 20/23 |
Tel. (58) 301 78 82 |
www.tawernamestwin.com

Kubicki 4

Das Restaurant am ehemaligen Fischmarkt ist eins der wenigen verbliebenen Traditionslokale der Stadt. Es ist seit 1918 in Besitz der gleichnamigen Familie und wohl einer der letzten Orte, wo sich der „Geist der Vorkriegszeit" noch am ehesten erhalten hat. Bei der grundlegenden Modernisierung vor wenigen Jahren hat man sich dennoch von den alten, schweren Möbeln und anderem Antiquierten getrennt. Geblieben ist die kaschubisch inspirierte Küche mit hervorragenden regionalen Gerichten. Esskultur auf hohem Niveau. Das Mahl beginnt mit einem genüsslichen Gruß aus der Küche: Leckerer Griebenschmalz mit Brot. Danach als Vorspeise etwa Piroggen mit Fischfüllung oder Heringstatar, schließlich vielleicht Lachs auf Safrankrebssoße oder Wildschweinlende in Pflaumensoße. Der schönste Platz ist auf der Sommerterrasse direkt an der Mottlau.

Ul. Wartka 5 | Tel. (58) 301 00 50 |
www.restauracjakubicki.pl | tgl. 12–23 Uhr

Avocado Vegan Bistro

Im Bezirk *Wrzeszcz* (Langfuhr). Große Auswahl an veganen, glutenfreien Gerichten, sehr nette Atmosphäre.

Ul. Wajdeloty 25/1 | Tel. 534 50 36 66 |
www.avocadovegan.pl

Am Abend

Miasto Aniołów Club & Restaurant

Die „Stadt der Engel" auf der Speicherinsel ist ein Restaurant, ein Club mit Live-Jazz-Aufführungen und die größte sowie eine der angesagtesten Danziger Diskos. Riesiger Dancefloor, vorwiegend jüngeres Publikum.

Ul. Chmielna 26 | Tel. (58) 768 58 31 (Reservierungen) | www.miastoaniolow.com.pl | tgl. ab 12, Fr/Sa bis 4 Uhr

Klub Żak

Urgestein der studentischen Kneipenszene mit Rock- und Jazzkonzerten, Partys, Theater, Kino, Café. Den Klub gibt es seit 1957.

Ul. Grunwaldzka 195/197 | Tel. (58) 344 05 73 | www.klubzak.com.pl

Bunkier Klubogaleria

In einem ehemaligen Luftschutzbunker der deutschen Wehrmacht mit sechs Stockwerken: Ein Labyrinth von Bars, Dancefloors und verschiedenen Events und Performances. Nahe der Polnischen Post.

Ul. Olejarna 3 | www.bunkierclub.pl | Mo–Do 17–?, Sa 17–4, So 17–1 Uhr

Parlament Music Club

Einer der ältesten Nachtclubs im historischen Zentrum Danzigs. Verschiedene Tanzsäle auf drei Etagen. Die bekannten polnischen DJs mixen vorwiegend Mainstream: House, Black, Charts, Hip-Hop, auch Disco-Sounds. Konzerte von lokalen und internationalen Musikern.

Ul. Sw. Ducha 2 | www.parlament.com.pl | Do–Sa ab 20 Uhr

Musik & Theater

Baltische Philharmonie Frédéric Chopin

(Państwowa Filharmonia Bałtycka)

Wenn im Sommer die Open-Air-Aufführungen der Philharmonie stattfinden, sollte man sich auf der gegenüberliegenden Uferpromenade am

Abendstimmung auf dem Langen Markt

Fischmarkt ein schönes Plätzchen suchen und zum Nulltarif lauschen. Der große Konzertsaal mit einer der besten und größten Orgeln Polens besitzt 1 100 Plätze.
Ul. Ołowianka 1 (Bleihofinsel) | Tel. (58) 320 62 62 (Tickets) | www.filharmonia.gda.pl

Baltische Oper *(Opera Bałtycka)*
Aufführungen bekannter Opern.
Al. Zwycięstwa 15 (Wrzeszcz) | Tel. (58) 763 49 12 | www.operabaltycka.pl

Stadttheater *(Teatr Wybrzeże)*
Theater am Kohlenmarkt seit 1966.
Targ Węglowy 1 | Tel. (58) 301 70 21 | www.teatrwybrzeze.pl

Baltisches Kulturzentrum
Organisiert interessante Events im Kulturzentrum der St. Johanniskirche.
Ul. Korzenna 33/35 (im Altstädt. Rathaus) | Tel. 604 09 44 14 | www.nck.org.pl

Kaufen & stöbern

Galeria Bałtycka
Größte Shopping-Mall der Region mit 200 Geschäften auf drei Stockwerken. Tipp: die internationale Gastro-Etage.
Al. Grunwaldzka 141 (am Bahnhof von Danzig-Wrzeszcz) | www.galeriabaltycka.pl

Markthalle *(Hala Targowa)*
Fisch, Fleisch, Obst, Gemüse, Haushaltswaren. Das schönste Einkaufszentrum in der historischen Innenstadt (▸ Seite 58).
Plac Dominkański 1 | www.halatargowa.pl | Mo–Fr 8–18, Sa 9–15 Uhr

Cepelia
Ein Laden voller polnischer und speziell kaschubischer Handwerkskunst: Keramik, Schmuck, Gläser, Holzspielzeug, bestickte Decken, Gobelins, originelle Souvenirs, auch Kitsch.
Ul Długa 47 | www.cepelia.pl

Klasztorne Smaki (Klösterlicher Geschmack)
Kleiner Bio- und Delikatessenladen. Die meisten Produkte werden von polnischen Mönchen nach traditionellen Rezepten hergestellt. Café, kleine Gerichte.
Ul. Swiętego Ducha 37/39 | Tel. (58) 718 90 30

Aktiv & sportlich

Zoologischer Garten in Oliwa *(Ogród zoologiczny)*
Er gilt als schönster Zoo Polens. Landschaftspark mit 1 100 tierischen Bewohnern 220 verschiedener Arten.
Ul. Karwieńska 3 | Tel. (68) 552 17 51 | www.zoo.gd.pl | Apr./Okt. 9–17, Mai–Sep. 9–19, Nov.–März 9–15 Uhr

Riesenrad AmberSky
Am schönsten bei Sonnenuntergang.
Ul. Ołowianka 1 (Bleihofinsel) | www.ambersky.pl | tgl. 10–23 Uhr, im Winter nur Sa/So

Schiffsausflüge
Piratenschiffe legen in den Sommermonaten zu 90-minütigen Hafenrundfahrten bis zur Westerplatte ab. Mit Besichtigungsstopp, Abfahrt nahe Fischmarkt.
Mit der Wassertram F5 zur Westerplatte (▸ Tour 1, Seite 72).

Klub Kajakowy Żabi
Kajak- und Tretboote-Verleih an der Mottlau.
Żabi Kruk 15 | Tel. 583 05 73 10 | www.kajakiempogdansku.pl

Danzigs schönste Strände
Mal schnell an die Ostsee

Danzig hat sieben Strände, die sich in den Sommermonaten auch bei den Städtern großer Beliebtheit erfreuen. Diese gelten als die besten:

Der Strand in **Stogi (Heubude)** ist mit der Tram 8 leicht vom Zentrum zu erreichen und bei Einheimischen sehr beliebt – berühmt ist er für seine sommerlichen Tanzparties. Es gibt Restaurants, Bars, Spielplätze. Die Badestellen sind mit farbigen Bojen abgegrenzt. Es handelt sich um einen der wenigen FKK-Strände an der polnischen Ostseeküste.

Brzeźno (Brösen) war das erste Seebad an der Danziger Bucht. Am ältesten offiziellen Badestrand der Stadt gibt es heute eine 130 Meter lange Seebrücke. Er ist bewacht, sauber, verfügt über Duschen und Toiletten, Rutschen und Schwimmbecken für Kinder. Strandbars bieten Fischgerichte an. Er ist in der Regel weit weniger überlaufen als der nahe Strand in Sopot. (Trambahnlinien 13 vom Hauptbahnhof, von Oliwa Linie 15).

Eine sehr gute touristische Infrastruktur besitzen auch die beiden Strände von **Jelitkowo (Glettkau).** Hier gibt es mehrere Fischrestaurants und Tavernen. (Trambahnlinien 4, 6, 8)

Sobieszewska (Bohnsack) ist eine über Brücken erreichbare Insel in der Danziger Bucht, gelegen zwischen der alten und der neuen Weichselmündung. Der Strand ist breit, elf Kilometer lang und von Dünen und Kiefernwald umgeben. Er ist der ruhigste und vielleicht auch der schönste von allen sieben und wurde mit der „Blauen Flagge" für seine Nachhaltigkeit ausgezeichnet. (Buslinien 112, 212, 186)

Auch die Danziger lieben die Erfrischung in der Ostsee

Museen und Ausstellungen in Danzig

Archäologisches Museum
(Muzeum Archeologiczne)
Zahlreiche Exponate aus Danzigs Frühzeit (▸ Seite 55).
ul. Mariacka 25/26 | Tel. (58) 322 21 00 |
www.archeologia.pl |
Juni–Sep. tgl. außer Mo (Sa Eintritt frei) |
Aussichtsturm tgl. geöffnet

Europäisches Zentrum der Solidarität
(Europejskie Centrum Solidarności)
Das interaktive Museum am Eingang der ehemaligen Lenin-Werft erinnert an die Solidarność-Bewegung und ihre politischen Folgen in Mittel- und Osteuropa (▸ Seite 61).
Pl. Solidarność 1 | www.ecs.gda.pl |
Mai–Sep. tgl. 10–20, Okt.–Apr. 10–18 Uhr

Festung Weichselmünde
(Twierdza Wisłoujście)
Beeindruckendes mittelalterliches Bollwerk (▸ Tour 1, Seite 72).
Ul. Stara Twierdza |
www.muzeumgdansk.pl |
geöffnet nur Mai–Sep. tgl. 10–18 Uhr

Grass-Galerie *(Gdańska Galeria Güntera Grassa – 4G)*
Die 2010 eröffnete Galerie zeigt Grafiken und Skulpturen des Nobelpreisträgers. Regelmäßiges Kunstfestival Grassomania (▸ Seite 43).
Ul. Szeroka 34/35 | www.ggm.gda.pl |
Di–So 12–18 Uhr

Leuchtturm Neufahrwasser
(Nowy Port)
Leuchtturm-Interieur mit optischen Geräten und tolle Aussicht (▸ Tour 1, Seite 72).
Ul. Przemysłowa 6 | www.latarnia.gda.pl |
Mai–Aug. tgl. 10–19, Sep. Sa/So 10–17 Uhr

Museum des Zweiten Weltkriegs
(Muzeum II Wojny Światowej)
Die Dauerausstellung des 2017 eröffneten Museums widmet sich dem Zweiten Weltkrieg, seinen Ursachen und Folgen (▸ Seite 40).
Pl. Bartoszewskiego 1 |
www.muzeum1939.pl |
Di–So 10–20 Uhr

Nationalmuseum in Danzig
(Muzeum Narodowe w Gdańsku)
Im ehemaligen Franziskanerkloster. Kunst und Kunsthandwerk aus der Hansestadt, „Das Jüngste Gericht" von Hans Memling (▸ Seite 63).
Ul. Toruńska 1 | www.mng.gda.pl |
tgl. außer Mo 11–18 Uhr

Nationales Meeresmuseum
(Narodowe Muzeum Morskie)
In drei Kornspeichern auf der Bleihofinsel und Frachter *Sołdek* am Ufer, Geschichte der polnischen Seefahrt, Schiffsmodelle, geborgene Schätze aus Wracks (▸ Seite 52).
Ul. Ołowianka 9/13 | www.nmm.pl |
Juli/Aug. tgl. 10–18, sonst Di, Do–So 10–16, Mi 10–13, Jan.–März 10–15 Uhr

Zentrum der Meereskultur
(Ośrodek Kultury Morskie)
Dependance des Nationalen Meeresmuseums in einem Backstein-Glasbau neben dem Krantor, das in das Museum integriert ist (▸ Seite 52).
Długie Pobrzeże |
siehe Nationales Meeresmuseum

Wachhaus Nr. 1 auf der Westerplatte
(Wartownia nr 1)
Kleine Militaria-Ausstellung zur Verteidigung der Westerplatte (▸ Tour 1, Seite 72).
Majora H. Sucharskiego |
www.muzeumgdansk.pl |
Mai–Sep. tgl. 10–18 Uhr

Dramatischer Auftritt des Heiligen Georg im Festsaal des Artushofs

Städtische Museen Danzig

www.muzeumgdansk.pl
Mai–Sep. Mo 10–13 (Eintritt frei), Di–So 10–18,
Okt.–Apr. Di 10–13 (Eintritt frei), Mi–Sa 10–16 (Do bis 18), So 11–16 Uhr

via Tipp Bernsteinmuseum *(Muzeum Bursztynu)*
Das in seinem Umfang europaweit einzigartige Museum präsentiert über 5000 Exponate. Gezeigt werden spektakuläre fossile Einschlüsse aber auch wunderbare Schmuck-Exponate (▸ Seite 60).
Wielkie Młyny 16

Museum für Stadtgeschichte *(Muzeum Gdańska)*
Im Rechtstädtischen Rathaus, Prunkstück ist der Rote Saal mit der „Danziger Apotheose" an der Deckenmitte (▸ Seite 48).
Ul. Długa 46/47

Uphagenhaus *(Dom Uphagena)*
Der Wohnsitz der 1775 aus Flandern eingewanderten Familie Uphagen präsentiert sich als „Museum bürgerlicher Wohnkultur" (▸ Seite 47).
Ul. Długa 12

Artushof *(Dwór Artusa)*
Herrlicher Festsaal der spätmittelalterlichen Danziger Kaufmannsbruderschaften. Prachtvoller Renaissance-Kachelofen (▸ Seite 49).
Długi Targ 43–44

Museum der Polnischen Post *(Muzeum Poczty Polskiej w Gdańsku)*
Das Museum informiert über die Danziger Polnische Post von 1920 bis zum 1. September 1939, als das Gebäude von der deutschen Bürgerwehr angegriffen wurde (▸ Seite 60).
Pl. Obronców Poczty Polskiej 1/2

Tour 1: Mit der Wassertram zur Westerplatte

In einer Hafenstadt wie Danzig ist die Erkundung vom Wasser aus besonders reizvoll. Mit der Wassertram F5 geht es vom Fischmarkt bis zur Westerplatte und weiter zum Leuchtturm von Neufahrwasser. Unterwegs passiert man Werft und Hafen.

Charakteristik: Bootsfahrt mit Zwischenstopps

Start & Ziel: Haltestelle F5, Fischmarkt *(Targ Rybny)*

Strecke: Fischmarkt – Festung Weichselmünde – Westerplatte – Leuchtturm Neufahrwasser

Entfernung: ca. 21,5 km

Dauer: Halb-/Tagestour mit Besichtigungen, reine Fahrzeit hin und zurück ca. 2,5 Stunden

Verpflegung: Picknick und Getränke mitnehmen

Fahrplan: www.ztm.gda.pl

Tickets: am Ableger und an Bord

Die Wassertram F5 *(Tramway wodny)* fährt von Mai bis Ende September täglich sechs Mal die Strecke vom Fischmarkt bis zur Westerplatte (dann je nach Wetterlage) und im Juli und August noch weiter zum Leuchtturm von Neufahrwasser. Unterwegs passiert man Werft und Hafen. Zur Besichtigung der Westerplatte stehen 50–70 Minuten bis zur Rück- bzw. Weiterfahrt zur Verfügung. Vor Fahrtantritt sollte man sich aber am Ableger über Besichtigungszeiten bei Zwischenstopps und eventuelle Überbrückungszeiten informieren. Die Fahrradmitnahme ist möglich.

1. Stopp: Festung Weichselmünde *(Twierdza Wisłoujście)*

Das mittelalterliche Bollwerk, das bis zur Versandung des Weichsel-Mündungsgebiets direkt an der Ostsee lag, diente ab dem 15. Jahrhundert zur Sicherung der Stadt gegen das offene Meer. Antoni van Obbergen baute die Anlage zwischen 1587 und 1602 weiter aus. Die Festung war in den letzten Jahrhunderten zahlreichen Belagerungen ausgesetzt, konnte jedoch nie eingenommen werden. 1945 erlitt vor allem der Kranz größere Beschädigungen. Die restaurierte Festung kann im Rahmen einer Führung besichtigt werden (geöffnet nur Mai–Sep.).

2. Stopp: Westerplatte

Die Halbinsel an der Mündung der Toten Weichsel entstand im 17. Jahrhundert durch angeschwemmten Sand. Im späten 19. Jahrhundert avancierte sie zu einem beliebten Ausflugsort mit Seebad. Der Völkerbund stellte die Westerplatte 1924 unter polnische Verwaltung und der gerade wiedererstandene Staat richtete dort ein Waffendepot ein. Am 1. September 1939 wurde hier der Zweite Weltkrieg ausgelöst, als das Kadettenschulschiff „Schleswig-Holstein" die Westerplatte um 4.45 Uhr unter Beschuss nahm. Erst sieben Tage später kapitulierten die zahlenmäßig und waffentechnisch weit unterlegenen 217 polnischen Verteidiger.

Im Jahre 1966 wurde am geschichtsträchtigen Ort das monumentale, 23 Meter hohe Denkmal zu Ehren der Helden der Westerplatte enthüllt. Erhalten ist das ehemalige **Wachhaus Nr. 1,** in dem sich ein Museum mit einer Ausstellung zur Verteidigung der Westerplatte befindet (▸ Seite 70, nur Mai–Sep.). Ein historischer Lehrpfad im Park daneben führt an Gedenktafeln, Baracken, Türmen und Ruinen der alten Befestigungen vorbei zum Friedhof der Verteidiger. Um ein patriotischeres Konzept der Gedenkkultur auf der Westerplatte durchzusetzen, ist hier von der nationalpopulistischen Regierungspartei „Recht und Gerechtigkeit" (PiS) ein neues Museum in Zwangsvereinigung mit dem Danziger Weltkriegsmuseum (▸ Seite 40) geplant.

3. Stopp: Leuchtturm Neufahrwasser ***(Nowy Port)***

Neufahrwasser nannte man die neue Hafenausfahrt, nachdem die ursprüngliche Weichselmündung nahe der Festung Weichselmünde 1845 nach völliger Versandung zugeschüttet werden musste. Kurz zuvor, im Jahre 1840, war die Weichsel bei einem gewaltigen Eisrückstau östlich von Heubude (Stogi) in die Ostsee durchgebrochen und hatte sich so einen neuen Zugang verschafft. Zwischen 1890 und 1895 schuf schließlich der Weichseldurchstich bei Schiewenhorst (Swibno) die heutige Mündung. Sie machte den verbliebenen Weichselarm bis nach Danzig zur „Toten Weichsel" *(Martwa Wisła).*

Hier ragt der 27 Meter hohe Leuchtturm aus dem Jahre 1893 in die Höhe. Architektonisches Vorbild war der Leuchtturm von Cleveland/Ohio am Eriesee. Im Jahre 1984 außer Betrieb genommen, konnte auf Initiati-

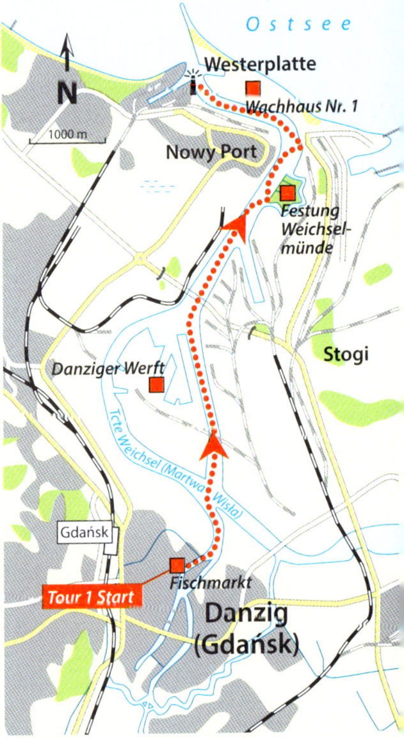

ve eines nach Kanada ausgewanderten gebürtigen Danzigers der Turm restauriert und 2004 wieder eröffnet werden. Als touristisches Spektakel fällt nun pünktlich um 12, 14, 16 und 18 Uhr vom Mast auf dem Turmdach wie einst der Zeitball. Die Zeitballstation war früher enorm wichtig für die Schiffskapitäne, um ihre Navigationsinstrumente exakt einstellen zu können. Nur eine Sekunde Verzögerung führte zu einer Fehlpositionierung um 500 Meter. Auch ein kleines Museum mit einer Leuchtturm-Ausstellung ist hier eingerichtet (▸ Seite 70). Von der Aussichtsplattform haben Sie eine grandiose Aussicht auf die Westerplatte und die Bucht.

Oliwa (Oliva)

Der heutige Stadtteil Danzigs auf halber Strecke zwischen dem historischen Zentrum und dem Ostseebad Sopot hat zwei einzigartige Sehenswürdigkeiten zu bieten: die Kathedrale und den Stadtpark.

Alexander von Humboldt nannte die Gegend um Oliwa einst den „drittschönsten Flecken auf Erden". Begeistert waren offenbar auch die Brüder des Zisterzienserordens, die um 1188 aus Kolbatz bei Stettin hierherkamen und sich zum Bleiben entschieden. Fürst Sambor von Pommerellen überlässt den frommen Männern bereitwillig Land – die Mönche halten sich an ihre Ordensregel und beten und arbeiten. Sie bauen Öl- und Getreidemühlen, Schmiede und Sägewerke. Der Ort mausert sich zu einem Zentrum des Glaubens, aber auch der Kultur und Wirtschaft. Ab 1342 spielte das Kloster eine wichtige Rolle bei der Durchsetzung des **Bernsteinregals,** denn der Deutsche Orden hatte den Klosterbrüdern das hoheitliche Sammelrecht übertragen. Im 16. Jahrhundert wird das Kloster zur von Polen großzügig subventionierten Hochburg der Gegenreformation. Nicht zuletzt sollte der Einfluss des protestantischen Danzig zurückgedrängt werden.

Während des Dreißigjährigen Krieges, 1626, plündern schwedische Truppen das Kloster. Wenige Jahrzehnte später kommt es zum bedeutenden „Frieden von Oliwa": 1660 schließen im Kloster die seit 1655 verfeindeten Polen und Schweden Frieden und Polen muss daraufhin auf seine Herrschaft über Ostpreußen verzichten. Im Jahre 1831 löst der preußische Staat die Abtei schließlich auf, 1925 wird die Klosterkirche **Kathedrale** des Bistums Danzig.

Der älteste Kern der Klosterkirche stammt aus dem 13. Jahrhundert, aber ihr heutiges Aussehen erhielt sie

Im Stadtpark von Oliwa lässt sich Ruhe finden

weitgehend im 17. Jahrhundert. Damals wurde auch die prächtige **Westfassade** mit den beiden 46 Meter hohen Türmen und dem prunkvollen **Sandsteinportal** barock umgestaltet. Der barocke **Altar** von 1699 gilt als Meisterwerk des pommerschen Barock. Die meisten Besucher kommen aber, um den Klängen der weltberühmten **Rokokoorgel** zu lauschen. Der Erbauer dieses Instruments mit fast 7876 Pfeifen und 101 Registern war der Ermländer Johannes Wulf. 25 Jahre – von 1763 bis 1788 – benötigte der Mann bis zur Fertigstellung dieses Meisterwerks. Als er die außergewöhnliche Klangqualität seiner Orgel erstmals vernahm, war er so überwältigt davon, dass er eine Herzattacke bekam und verstarb. Den herrlich verzierten Orgelprospekt schufen zwei Mönche.

In direkter Nachbarschaft zur Kathedrale steht der **Palast der Äbte.** 1760 im Rokokostil erweitert, beherbergt das Haus heute eine **Galerie moderner Kunst** mit wechselnden Ausstellungen. Im **Abteispeicher** gegenüber ist ein **Ethnographisches Museum** eingerichtet. Zu sehen sind Kunsthandwerk und Fischereigerät der Kaschuben und Weichselanwohner.

Der reizende **Stadtpark** erstreckt sich vorwiegend östlich des Palastes. Der südliche Teil entstand ab 1742 im französischen Stil. Besonders beeindruckend sind hier die alte Hainbuchenallee und der 220 Meter lange Kanal. Ende des 18. Jahrhunderts kam eine im englischen Gartenbaustil geprägte Anlage hinzu.

via Tipp Orgelkonzerte in der Kathedrale von Oliwa

Einzigartiger Klang und außergewöhnliche Akustik. Das Instrument bringt zudem Klangeffekte wie Wasserplätschern, Tierlaute oder Trompete blasende Engel hervor.

www.archikatedraoliwa.pl | Internationales Musikfestival Juli/Aug. Aufführungen jeden Di und Fr 20 Uhr, von Mai bis Aug. stündlich Orgel-Kurzvorführungen | sonst: Mo–Fr 10–18, Sa 10–13.30, So 14–17 Uhr

Westfassade der Kathedrale von Oliwa

Galerie und Museum

Die Galerie im Bischofspalast zeigt moderne Kunst, das Ethnografische Museum befindet sich im bischöflichen Getreidespeicher daneben.

Ul. Cystersów 18 | www.mng.gda.pl | Mai–Sep. Di–So 10–17, Juni–Aug. Do 12–19, sonst Di–Fr 9–16, Sa/So 10–17 Uhr

Hinkommen

Mit der Dreistadtbahn *kolejka* alle 10–20 Min. vom Danziger Hauptbahnhof

Sopot (Zoppot)

Sopot ist die ungekrönte Sommerhauptstadt Polens. Auf die rund 43 000 Einwohner kommen alljährlich mehr als zwei Millionen Urlauber und Tagesgäste. In den letzten zwei Jahrzehnten hat sich das Seebad an der Danziger Bucht zu einem mondänen Badeort gemausert – mit dem ehrgeizigen Anspruch, an die glanzvolle Hochzeit als nobles Weltbad zwischen den Weltkriegen anzuknüpfen.

Im Jahre 1999 erhielt Sopot sein Kurprivileg zurück. Schließlich sprudelt seit 1997 im „Pilzbrunnen" am 1907 im skandinavischen Stil erbauten Südbad wieder das heilsame **Solewasser** mit Bestandteilen von Chlor, Natrium, Jod und Brom der 800 Meter tief liegenden Adalbert-Quelle. Inhalationen sollen unter anderem bei Hals- und Bronchialkatarrh, chronischen Kehlkopf- und Nasenhöhlenentzündungen sowie bei manchen Schilddrüsenkrankheiten helfen.

Bereits 1822 begann der Aufstieg des im Jahre 1283 erstmals urkundlich erwähnten Klosterdorfs der Zisterzienser zum viel besuchten Weltbad. Dafür sorgte vor allem ein Mann: Johann Georg Haffner. Der gebürtige Elsässer kam 1808 im Gefolge Napoleons als Militärarzt nach Danzig. Haffner machte es zu seiner Lebensaufgabe, „in Zoppot anderthalb Meilen von Danzig, in einer paradiesischen Gegend eine vollständige Seebadeanstalt zu begründen, die allen Anforderungen der Arzneikunde, des Geschmacks und des Vergnügens entspricht." Es gelang mit dem Einsatz seines gesamten Vermögens.

2004 setzte die Gemeinde dem Doctor medicinae, dem sie so viel zu verdanken hat, ein Denkmal. Nun sitzt er in Bronze gegossen im *Park Północny* (Nordpark) auf einem Stein und blickt sichtlich zufrieden hinab auf das legendäre **Grand Hotel.**

Den großen touristischen Aufschwung brachte jedoch erst die Fertigstellung der Pommerschen Eisenbahn im Jahre 1870. Sie verband Danzig mit Stettin und damit auch mit der Reichshauptstadt Berlin. Bald wurde es für die westpreußische Hautevolee schick, an den Hängen der Zoppoter Oberstadt ein Feriendomizil mit Meeresblick zu besitzen. 1901 erhob der deutsche Kaiser Wilhelm II. Zoppot zur Stadt. Zwischen 1920 und 1939 gehörte sie zum Freistaat Danzig. In diesen Jahren besaß der Badeort eine der berühmtesten Pferderennbahnen Europas. Auch heute noch finden auf diesem weit oberhalb der Bucht herrlich gelegenen **Hippodrom** regelmäßig Pferderennen statt.

Strand & Seebrücke

Die Hauptattraktion für die Sommerurlauber ist der vier Kilometer lange, herrliche Strand. Er ist bis zu 100 Meter breit, der Sand puderweich und fast weiß. Die Wasserqualität in der Bucht ist seit Jahren wieder tadellos. Strandkörbe stehen in Reih' und Glied, für die Kinder gibt es Wasserrutschen und anderes Spielgerät. Strandpavillons öffnen im Sommer. Am Ende des südlichen Stadtstrandes liegen die bunten Kutter der verbliebenen Fischer und gleich dahinter direkt an der Strandpromenade die **Fischräuchereien** sowie die Fischbar *Przystań Rybacka* – ein Mekka für Liebhaber frischen Ostseefischs.

Wahrzeichen des Kurorts ist die 511,5 Meter lange und außerordentlich breite hölzerne **Seebrücke *(molo)*,**

Das pittoreske Warmbad stammt aus der Blütezeit des Kurorts

die längste an der gesamten Ostsee. An ihrer pfeilähnlichen Spitze machten einst die Schiffe des „Seedienst Ostpreußen" auf ihrer Fahrt nach Königsberg halt. Heute legen hier während der Saison die Ausflugsdampfer der Weißen Flotte nach Danzig, Gdynia und zur Halbinsel Hel ab. Ebenfalls am Brückenkopf entstand vor einigen Jahren eine moderne Marina.

Von der Spitze des Piers schaut man zurück auf das historische Zentrum des Seebads. Unübersehbar die **Balneologische Anstalt** ❶ von 1903 mit ihren charakteristischen Türmen und der Kuppel sowie der signifikante **Leuchtturm.** Daneben erstrahlt das neu errichtete **Kurhaus** mit Trinkhalle, Hallenbad, Saunen, einer Kunstgalerie und dem Touristenbüro.

Kurhaus & Grand Hotel

Das noble Kurhaus von 1916 brannte im März 1945 zu großen Teilen aus. Die zweistöckige Rotunde blieb erhalten und wurde in die leuchtend weiße Fassade des **neuen Kurhauses** ❷ integriert. Nur wenige Schritte entfernt, direkt am Nordstrand, steht eines der beeindruckendsten Gebäude der Stadt, das 1927 eröffnete **Grand Hotel** ❸. Im Laufe der vielen Jahrzehnte haben sich hier zahlreiche prominente Gäste eingefunden, darunter Persönlichkeiten wie der Schah von Persien, General Charles de Gaulle und Fidel Castro. Auch Marlene Dietrich und Josephine Baker gaben sich die Ehre. Das noble Haus hatte den Krieg weitgehend unbeschadet überstanden, 2006 erfolgte die Komplettsanierung zum ersten 5-Sterne-Hotel des Seebads.

Einige Jahre später erwuchs mit dem Bau des hochmodernen Sheraton-Hotels gleich daneben eine starke Konkurrenz. Der neue Luxustempel mit 189 Zimmern ist über seinen Seitenflügel mit dem Kurhaus und somit mit der Trinkhalle, mit Restaurants und dem herrlichen Ballsaal verbunden.

Über die Flaniermeile in die Oberstadt

Ein Spaziergang von der **Unterstadt** ***(Sopot Dolny)*** in die **Oberstadt** ***(Sopot Górny)*** führt über die **ulica Bohaterów Monte Cassino,** von den Einheimischen liebevoll *Monciak* genannt. Von der Mole steigt diese Flaniermeile nahezu schnurgerade 635 Meter aufwärts. Unten, am weitläufigen **Plac Zdrojowy (Kurplatz)** mit dem markanten **Fischerbrunnen,** den großen Bierterrassen und den strandnahen Discos, Nacht- und Beachclubs pulsiert im Sommer das Nachtleben. Dann wird die Kleinstadt Sopot zur angesagtesten Partymeile Polens, wo sich feierfreudige Urlauber sowie der polnische und internationale Jetset auf den Dancefloors mit Meeresblick treffen. Bis zum Morgengrauen schallen heiße Rhythmen aus den Szeneclubs über die Bucht.

In der Monte Cassino reihen sich Geschäfte, Bars und Restaurant aneinander. Die Neureichen und Schönen nutzen die belebte Fußgängerzone als Laufsteg, Bernsteinverkäufer bieten „Ostseegold" feil, alte Mütterchen aus dem Umland sitzen auf Kisten und verhökern Blumensträußchen, Beeren und ein bisschen Gemüse. Das auffälligste Gebäude in der von Jugendstilhäusern gesäumten Prachtmeile ist allerdings die Nr. 54, das 2004 errichtete **Schiefe Haus** ***(Krzywy Domek)*** 4, im Volksmund auch „beschwipstes Haus" genannt.

Am oberen Ende der Straße thront der rote Backsteinbau der katholischen **Garnisonkirche** 5, die 1901 als evangelische Erlöserkirche von der deutschen Kaiserin eingeweiht wurde. Hier haben Porträtmaler, Straßenmusiker und andere Künstler ihren sommerlichen Standort.

Gleich um die Ecke, in der **ulica Kosciuszki Nr. 10** 6, erblickte 1926 Klaus Günter Karol Nakszynski das Licht der Welt. Unter seinem Künstlernamen **Klaus Kinski** wird er als Schauspieler Weltruhm erlangen. Die Nakszynskis verließen bald nach der Geburt ihres Sohnes das damals deutsche Zoppot und zogen nach Berlin. Kinski kehrte nicht mehr in seine Geburtsstadt zurück.

Mondäne Vergangenheit

Etwas nördlich vom Kinskihaus, auf der Höhe der ul. Obrońców Westerplatte, ist ein in Polen einzigartiges Ensemble von **Jugendstilvillen** 7 erhalten. Einige dieser prächtigen Häuser, die in der „Friedensepoche" um 1900 gebaut wurden, dienten einst den betuchteren Kurgästen als Ferienunterkunft. Mittlerweile wurden etliche dieser Gebäude restauriert.

Noch weiter oben, inmitten der Hügel des Oliwaer Waldes, wurde im Jahre 1909 die Freilichtbühne der berühmten **Waldoper** ***(Opera Leśna)*** eröffnet. Sie liegt wunderschön in einer Vertiefung und galt als akustisches Wunder. Ihre Blütezeit hatte sie ab 1918, als vorwiegend Wagner-Opern auf dem Programm standen. Die Nazis vereinnahmten später die Bühne für ideologische Inszenierungen. Seit 1964 dient die Waldoper alljährlich im August als Austragungsort des in ganz Polen populären Liederfestivals, wo im Laufe der Jahre etliche Superstars gastierten – von Caterina Valente bis Whitney Houston.

Von der nahen 110 Meter hohen Promkenhöhe (*Łysa Góra*) – mit Skiliften das winterliche Sportzentrum Sopots – blickt man weit hinab auf die Danziger Bucht. Skifahren mit Meeresblick, wo gibt es das sonst noch?

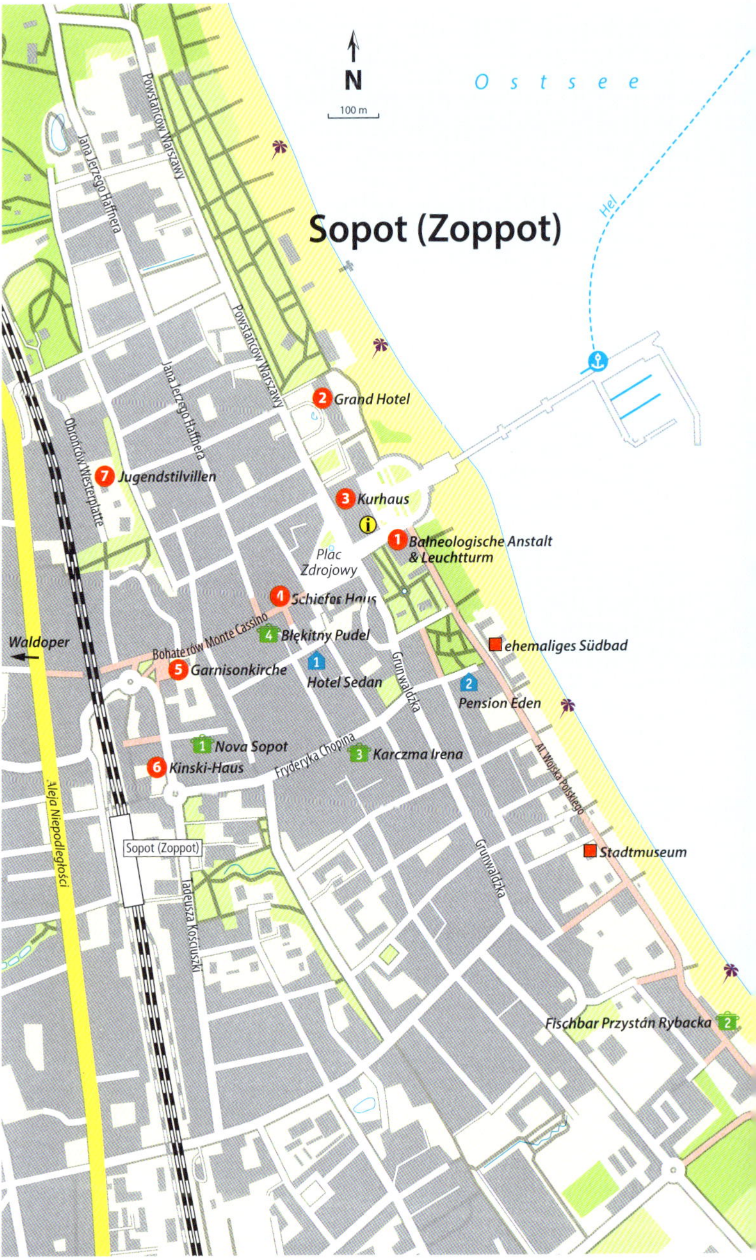

Sopot (Zoppot)
N
100 m
Ostsee
Hel
Powstańców Warszawy
Jana Jerzego Haffnera
Obrońców Westerplatte
Aleja Niepodległości
Tadeusza Kościuszki
Sopot (Zoppot)
Waldoper
Bohaterów Monte Cassino
Fryderyka Chopina
Grunwaldzka
Al. Wojska Polskiego
Plac Zdrojowy
1 Balneologische Anstalt & Leuchtturm
2 Grand Hotel
3 Kurhaus
4 Schiefes Haus
5 Garnisonkirche
6 Kinski-Haus
7 Jugendstilvillen
1 Nova Sopot
2 Fischbar Przystán Rybacka
3 Karczma Irena
4 Błękitny Pudel
1 Hotel Sedan
2 Pension Eden
ehemaliges Südbad
Stadtmuseum

Praktische Tipps

Hinkommen

Der schnelle Stadtzug SKM Kolejka pendelt alle 10–20 Minuten zwischen dem Danziger Hauptbahnhof und den Dreistadt-Stationen Sopot und Gdynia (www.skm.pkp.pl). Nähere Infos siehe Danzig (▸ Seite 64) bzw. unter Reisepraktisches (▸ Seite 158).

Gut zu wissen

Touristeninformation
im Kurhaus.
Plac Zdrojowy 2 | Tel. (58) 551 26 17 | www.visit.sopot.pl

Gut gebettet

Hotel Sedan 1
Familiäres Mittelklassehotel in einer hübschen Villa aus dem frühen 20. Jahrhundert. 22 Zimmer mit Holzmöbeln, WLAN, Sat-TV. Zehn Minuten zum Strand. Restaurant mit europäischer Küche, gutes Frühstücksbuffet.
Ul. Pułaskiego 18–20 | Tel. (58) 555 09 80 | www.sedan.pl | €€

Pension Eden 2
Das Gebäude in Strandnähe stammt aus dem Jahre 1908. Auch die Inneneinrichtung der geräumigen Zimmer verströmt Flair aus Kaisers Zeiten, altmodisch und gemütlich. Freundliches Personal, sehr günstig, gutes Frühstück.
Ul. Kordeckiego 4–6 | Tel. (58) 551 15 03 | www.hotel-eden.pl | €

Von Suppe bis Torte

Nova Sopot 1
Kleines, etwas abseits gelegenes Familien-Lokal, liebevoll eingerichtet, der Service zuvorkommend. Traditionelle polnische Küche mit kreativer Note, schmackhaft und frisch: Fisch, Fleisch, Vegetarisches, leckere Desserts, auch Kinderteller.
Ul. Władysława Jagiełły 6/1 | Tel. 889 57 57 17 | www.novasopot.pl | tgl. 12–21, Fr/Sa bis 22 Uhr | €–€€

Fischbar Przystán Rybacka 2
Direkt bei den Fischern, wo die bunten Kutter auf dem Strand liegen. Die zweistöckige Fischtaverne am Südende der Promenade ist seit zwei Jahrzehnten *die* Institution in Sachen Ostseefisch. Selbstbedienung, große Sommerterrasse.
Al. Wojska Polskiego 11 | Tel. (58) 555 06 61 | www.barprzystan.pl | tgl. 11–23 Uhr

Karczma Irena 3
Rustikale, urgemütliche Gaststube im Souterrain eines Jugendstilhotels von 1906. Köstliche traditionelle polnische Küche.
Ul. F. Chopina 36 | Tel. (58) 551 20 73 | www.pensjonat-irena.com

Błękitny Pudel 4
Der „Himmelblaue Pudel" ist ein beliebtes Pub-Restaurant mit etravagantem Stilmix und Schwofatmosphäre. Kleine Sommerterrasse. Gute Piroggen, Burger und Dumplings. Kuchen, Cocktails.
Ul. Bohaterów Monte Cassino 44 | www.blekitnypudel.pl | Fr/Sa 10–5, sonst bis 1 Uhr

Am Abend

Sfinks700
Der szenige Tanz- und Nachtclub wird zu den besten Polens gezählt.
Al. Mamuszki 1 (nördlich der Mole) | www.sfinks700.com | tgl. bis 4 Uhr

Soho Sopot
Mehrstöckiger Partytempel an der berühmten Sopoter Flaniermeile Monte Cassino. Tanzfläche im Erdgeschoss. Auch Filmvorführungen und Ausstellungen.
Ul. Bohaterów Monte Cassino 61 | www.klubsoho.pl | tgl. 18–2 Uhr

Atelier
Disco-Club und Avantgardetheater am Nordstrand. Open-Air-Partys im Sommer bis zum Sonnenaufgang.
Al. Mamuszki 2 | www.klubatelier.pl

Kunst & Kultur

Galerie
Staatliche Kunstgalerie, zeitgenössische Kunst aus Polen.
Plac Zdrojowy 2 (im Kurhaus) | tgl. 11–19, im Sommer bis 21 Uhr

Stadtmuseum *(Muzeum Sopotu)*
Die Dauerausstellung zeigt in den historischen Räumen der Claaszen-Villa von 1904, wie das bürgerliche Leben in der Anfangsphase des Seebads und Kurorts ausgesehen hat.
Ul. Poniatowskiego 8 | Tel. (58) 551 50 31 | www.muzeumsopotu.pl | Di–So 10–17, im Winter 10–16 Uhr

Aktiv & sportlich

Aquapark
Indoor- und Outdoorbecken, Wildwasserfluss, Sauna, Restaurant
Ul. Zamkowa Góra 3–5 | Tel. (58) 555 85 23 | www.aquaparksopot.pl | tgl. 8–22 Uhr

Radfahren
Der Promenaden-Radweg verläuft am Meer entlang bis zum Lotsenturm von Neufahrwasser (Nowy Port) und weiter ins Zentrum von Danzig (▸ Tour 2, Seite 82).

Das „beschwipste" Haus von Sopot

Das Unternehmen Nextbike betreibt einen Radverleih mit acht Stationen. Anmeldung auf der Website, dann Freischaltung per Handy.
www.nextbike.pl

Segelzentrum Hestia *(Sopocki Klub Zeglarski)*
Surf- und Segelkurse, Verleih von Boards und Booten. Einfache Gästezimmer.
Ul. Hestii 3 | Tel. (58) 555 72 00 | www.skz.sopot.pl

Kaufen & stöbern

Bauernmarkt Sopocki Rynek
Bauern aus dem kaschubischen Umland verkaufen frische Lebensmittel, Käse, Obst und Gemüse aus eigenem Anbau. Künstler aus der Region stellen ihre Werke aus.
Ul. Polna 8–12 | Di/Fr und Sa 6–14 Uhr

Tour 2: Zum Leuchtturm von Neufahrwasser

Sand unter den Füßen, die Danziger Bucht vor Augen: Der Strandspaziergang führt vom ehemaligen Weltbad Sopot durch interessante Seebäder mit viel Tradition und Geschichte ins Danziger Hafengebiet mit dem prägnanten Leuchtturm von Neufahrwasser.

Charakteristik: immer am Strand entlang

Start: Sopot Seebrücke

Ziel: Leuchtturm Neufahrwasser (Nowy Port)

Strecke: Sopot Seebrücke – Jelitkowo – Brzeźno – Leuchtturm

Entfernung: ca. 8 km

Dauer: ca. 2 Stunden reine Gehzeit

Rückfahrt: Mit der Wassertram F5 zurück nach Danzig (▸ Tour 1, Seite 72). Ansonsten fährt vom Leuchtturm auch die Straßenbahn 10 (Station: Nowy Port Góreckiego) in die Innenstadt und zum Hauptbahnhof. Achtung: Der Leuchtturm ist nur saisonal geöffnet (▸ Seite 70)

Einkehrtipp: Zahlreiche Restaurants und Fischbuden unterwegs

Es geht immer am oder auf dem feinkörnigen Sandstrand entlang. Am schönsten ist die Wanderung an warmen Sommertagen, wenn sich die kleine Tour mit einer Abkühlung und einigen Schwimmzügen im Meer verbinden lässt. Ausgangspunkt ist die **Seebrücke, *molo,*** in Sopot. Von dort führt die Promenade südlich zunächst an der **Balneologischen Anstalt** von 1903 und am 30 Meter hohen **Leuchtturm** vorbei. Er ist ein umgebauter Schornstein der Balneologischen Anstalt und dient heute nur noch als Aussichtsplattform. Das ehemalige Südbad wurde 1907 direkt am Strand im norwegischen Stil aus Holz errichtet. Es beherbergt heute das chinesische Hotel und Restaurant Zhong Hua.

Kurz darauf teilt sich die Promenade in einen Geh- und Radweg. Von Juni bis September werden an den Strandzugängen Holzpavillons aufgestellt, mit großen Terrassen auf dem Sandstrand. In diesen Buden bekommt man preiswert Brat- und Backfisch sowie kalte und warme Getränke. Bald passiert man das **Stadtmuseum** in der stattlichen Villa des Fabrikanten Ernst Claaszen (▸ Seite 81), den Fischerkiez mit seinen bunten, aufgebockten Kuttern und das **Segelzentrum Hestia** (▸ Seite 81).

Danach geht´s durch den netten Danziger Stadtteil **Jelitkowo (Glettkau).** Einst ein Fischerdorf, später ein Seebad mit Park und Kurhaus. Hier mündet der Oliwaer Bach in die Ostsee. Der schöne weite Strand ist hier sehr gepflegt und nicht so überlaufen wie in Sopot. Die Promenade führt durch einen schönen Park mit hohen Bäumen und schattigen Plätzchen auf Bar-Terrassen.

Das einstige **Brösen**, heute **Brzeźno,** war das erste (preußische) Seebad an der Danziger Bucht. Heute besitzt der Badeort eine 130 Meter brei-

te Seebrücke und einen sauberen und bei Einheimischen sehr beliebten Strand (▸ Seite 69). Auch er ist in der Regel weit weniger überlaufen als der Strand in Sopot. Hier gibt es Duschen und einige nette, auch stylische Strandbars mit günstigen Fischgerichten sowie lauschige und schattige Plätze im angrenzenden **Ronald-Reagan-Park** ***(Park Prezydenta Ronalda Reagana).*** Die 2006 eingeweihte Grünfläche ist 40 Hektar groß und bestens für eine Picknickpause geeignet, es gibt auch einige Kinderspielplätze. Kleiner und weit älter ist der **Haffner-Park** ***(Park Brzeźnieński)*** mit altem Baumbestand etwa 400 Meter weiter östlich. An seinem südöstlichen Ausgang stößt man auf die ul. Krasickiego, den ehemaligen Neufahrwasserweg. Hier links halten.

Nach ca. 1,5 Kilometern (mittlerweile heißt die Straße Oliwska) biegt man am Bahnübergang in die ul. Przemyślowa ein. Sie führt rechter Hand direkt zum **Leuchtturm von Neufahrwasser** ***(Latarnia Morska Nowy Port).*** Der 1893 erbaute Turm wurde 2004 wiedereröffnet. Er ragt 27 Meter in die Höhe. Vom unteren Turmfenster aus – heute mit einer Gedenktafel markiert – wurden die ersten Schüsse des Zweiten Weltkriegs von Scharfschützen der deutschen Wehrmacht abgegeben. Heute genießt man von der Aussichtsplattform die grandiose Aussicht. Ein besonderes Besucher-Spektakel ist der Zeitball, der um 12 Uhr (und bis 18 Uhr im 2-Stunden-Rhythmus) vom Mast auf dem Turm herunterfällt (▸ Tour 1, Seite 72).

Gdynia (Gdingen)

Noch 1921 war Gdingen ein kaschubisches Dorf mit einem kleinen, verträumten Fischerhafen in geziemender Entfernung von 20 Kilometern zur großen Hafenstadt Danzig. Nur wenige Jahre später wird hier eine Großstadt aus dem sandigen Boden gestampft mit einer einzigartigen modernistischen Architektur aus Stahl und Glas.

Hauptursache für dieses gigantische Bauprojekt war der Versailler Vertrag, der 1919 dem gerade nach 123 Jahren wiedererstandenen polnischen Staat einen Korridor zur Ostsee garantierte. Damit hatte Polen endlich einen eigenen Zugang zum Meer und Gdingen wurde zum Zentrum des polnischen Außenhandels. 1926 bekommt der Ort die Stadtrechte verliehen, nachdem die besten polnischen Architekten am Reißbrett die neue Stadt mit großem Industriehafen auf den sieben Moränenhügeln entworfen hatten.

1939 nahmen die Nazis die Stadt ein, gaben ihr den Namen *Gotenhafen* und nutzten die moderne Infrastruktur des Hafens als Militärbasis und Reparaturwerft. Nach dem Krieg wurden großflächig Plattenbauten errichtet, die heute weitgehend die Peripherie der gut 250 000 Einwohner zählenden Hafenstadt prägen.

Seit 1999 ist Gdingen der wichtigste NATO-Marinestützpunkt im östlichen Teil des Baltischen Meeres.

Zur Mole flanieren

Die gewiss mondänste Straße der „weißen Stadt am Meer" und zugleich die Hauptachse der Hafenstadt ist die kerzengerade ul. Swiętojańska mit eleganten Modeboutiquen, Bars, Cafés und Restaurants. Sie führt zum repräsentativsten Platz der Stadt, dem schön begrünten Skwer Kościuszki mit großem Springbrunnen, an den sich die weitläufige **Südmole *(Molo Południowe)*** mit den maritimen Attraktionen der Stadt anschließt.

Die 120 Meter breite Mole ist Gdingens beliebtester Treffpunkt, das Herzstück der weitgehend maritim geprägten Bauhaus-Architektur Gdingens. Die funktionalistischen Gebäude im Stadtzentrum besitzen oft abgerundete Formen und weiträumige Verglasungen sowie Bullaugenfenster. Etliche Bauelemente erinnern an Masten, Schiffsaufbauten oder Kommandobrücken.

Inzwischen baut man enorm in die Höhe: Die Sea Towers, eine riesige Apartmentanlage, sind 140 Meter hoch. Die Südmole liegt ihnen gewissermaßen zu Füßen. Hier legen die Dampfer der Weißen Flotte zu Hafenrundfahrten, nach Sopot, Danzig und zur Halbinsel Hel ab. Und hier, am Ende der Mole, hat man dem gebürtigen Polen **Joseph Conrad-Korzeniowski** (1857–1924) ein monumentales Denkmal gesetzt. Ab seinem 17. Lebensjahr war der später weltberühmte Schriftsteller („Lord Jim") zur See gefahren. Das Meer spielt eine bedeutende Rolle in seinem Werk.

Maritime Tradition

Wenige Schritte davon entfernt ist das 81,5 Meter lange ehemalige **Segelschulschiff *Dar Pomorza* (Geschenk Pommerns)** für immer fest vertäut. Der 1909 in Hamburg gebaute Dreimaster dient seit 1983 als Museum (▸ Seite 86). Das imposante, schneeweiße Segelschiff wurde 1929 mit Spendengeldern von Frankreich abgekauft. Die Franzosen wieder-

Fest vertäut an der Südmole: das ehemalige Segelschulschiff „Dar Pomorza"

um hatten es 1919 als deutsche Reparationsleistung bekommen. Hinter dem Großsegler legt stets das neue polnische Segelschulschiff nach seinen Seereisen an: *Dar Młodzieży*, Geschenk der Jugend, wurde es getauft. Ein weiteres Museumsschiff ankert ebenfalls an der Südmole: Der polnische Torpedozerstörer ***Błyskawica* (Blitz)** wurde 1937 auf einer englischen Werft fertig gestellt. Das 114 Meter lange Schiff nahm im Zweiten Weltkrieg unter anderem an der Evakuierung englischer und französischer Truppen aus Dünkirchen teil.

Gegenüber beherbergt das modernistische und mit einer Glasrotunde versehene Gebäude das **Meeresaquarium** (▸ Seite 87). Zu seinen besonders attraktiven Bewohnern gehören Haie, Fliegende Fische und Zitteraale sowie tropische Fische. Zu den Sehenswürdigkeiten der Stadt darf auch das **Emigrationsmuseum** gezählt werden (▸ Seite 87). Es befindet sich im ehemaligen Seebahnhof *(Dworek Morski)*, einem bemerkenswerten Gebäude im Bauhaus-Stil. Das Haus am Gdingener Hafen stammt aus dem Jahr 1933, als Hunderttausende Polen sich nach Nordamerika einschifften, um in der Neuen Welt ihr Glück zu machen. Unter anderem ist hier die Nachbildung des Transatlantik-Passagierschiffes *MS Batory* von 1935 im Maßstab 1:10 zu sehen.

Promenade & Strände

Über 1 500 Meter lang ist die Feliks-Nowowiejski-Promenade. Sie verläuft vom **Steinberg *(Kamienna Góra)*** zum Meer und direkt an der Bucht entlang. In ihrer Nähe gibt es mehrere Cafés und Restaurants. Vielen Einheimischen gilt sie als schönster und erholsamster Ort Gdynias.

Die junge Hafenstadt besitzt drei Strände: Einer liegt nur fünf Gehminuten vom Zentrum entfernt und ist 200 Meter lang. Die beiden anderen befinden sich etwas außerhalb: Zur schönen Anlage im Villenvorort **Orłowo** gehört die 180 Meter lange **Seebrücke.** Daneben spielt ein Strandtheater, wohl das einzige seiner Art in ganz Polen. Unterhalb der bis zu 90 Meter hohen Kliffküste verläuft ein schmaler Sandstreifen zum Strand von **Redłowo.** Zwischen den beiden Stadtteilen liegt der Naturpark Kępa Redłowska. Von Redłowo führt eine neuere Promenade bis zur Südmole. Unterwegs passiert man den modernsten und größten Jachthafen Polens.

Praktische Tipps

Hinkommen

Der schnelle Stadtzug SKM Kolejka pendelt alle 10–20 Minuten zwischen dem Danziger Hauptbahnhof und den Dreistadt-Stationen Sopot und Gdynia (www.skm.pkp.pl). Nähere Infos siehe Danzig (▸ Seite 64) bzw. unter Reisepraktisches (▸ Seite 158).

Gut zu wissen

Touristeninformation
Zentral, in einem Bauhausgebäude.
Ul. 10 Lutego 24 | Tel. (58) 622 37 66 | www.gdyniaturystyczna.pl

Gut gebettet

Willa Lubicz
Die schöne funktionalistische Villa im Vorort Orłowo aus den 1930er-Jahren wurde originalgetreu restauriert. Die Innenausstattung ist dem Zeitstil nachempfunden. Sauna, Spa/Wellness, Strandnähe. Behindertenfreundlich. Restaurant mit exzellenter internationaler Küche.
Ul. Orłowska 43 | Tel. (58) 668 47 40 | www.willalubicz.pl | €€–€€€

Von Suppe bis Torte

Tawerna Orłowska
Im Villenvorort Orłowo: Ausgezeichnete Fischgerichte mit Meerblick. Außenterrasse, direkt am Strand neben der Seebrücke.
Ul. Orłowska 3 | Tel. (58) 622 22 20 | www.tawernaorlowska.pl

Panorama
Auf der Spitze der Kamienna Góra, herrlicher Blick über Gdynia und den Hafen, Sommerterrasse. Auch mit einer Art Seilbahn zu erreichen. Sonntagsbrunch.
Ul. Adama Mickiewicza 1/3 | Tel. 500 19 20 04 (Reservierung) | www.panoramagdynia.com.pl | Di–Sa 12–21, So bis 20 Uhr

Am Abend

Pub Donegal
Irischer Dauerbrenner, zu Recht sehr beliebt. Große Auswahl an Bieren und Whiskeys, sehr schmackhaftes regionales Weizenbier. Quiz Nights.
Ul. Zgoda 10 | tgl. bis Mitternacht

Museen

Museum der Kriegsmarine *(Muzeum Marynarki Wojennej)*
Ul. Zawiszy Czarnego 1b | www.muzeummw.pl | Mai–Sep. tgl. 10–13 und 14–18, sonst bis 16 Uhr

Segelschiff *Dar Pomorza*
Seit 1983 Museumsschiff.
Al. Jana Pawła II | www.nmm.pl/dar-pomorza | Juli/Aug. tgl. 10–18, sonst Di–So 10–16 Uhr, Dez. geschlossen

Schlachtschiff *Błyskawica*
Weltkriegserprobter Zerstörer, liegt heute an der Südmole vor Anker.

Al. Jana Pawła II |
Mai–Nov. Di–So 10–13 und 14–16 Uhr

Museum der Emigration
(Muzeum Emigracji)
Im Seebahnhof von 1933.
Ul. Polska | www.muzeumemigracji.pl |
Mi–So 10–18, Di 12–20 Uhr

Stadtmuseum
Sammlung zur Stadtgeschichte mit Schwerpunkt auf der Zeit 1920–1939.
Ul. Zawiszy Czarnego 1 | Di/Mi/Fr 10–18, Do 12–20, Sa/So 10–17 Uhr

Gdingener Musiktheater
(Teatr Muzyczny)
In ganz Polen für seine faszinierenden Musical-Aufführungen, aber auch für Jazz-Konzerte berühmt.
Plac Grunwaldzki 1 | www.muzyczny.org

Meeresaquarium
(Akwarium Gdyńskie)
Exotische und einheimische Fische, darunter Haie und Zitteraale.
Al. Jana Pawła II 1 | www.akwarium.gdynia.pl | Apr.–Sep. 9–19, Okt.–März 10–17 Uhr, Nov.–Feb. Mo geschlossen

Wissenschaftszentrum Experiment
(Centrum Nauki Experyment)
Interaktive Ausstellung.
Al. Zwycięstwa 96/98 | www.experyment.gdynia.pl | Di–Fr 10–18, Sa/So bis 19 Uhr

Kaufen & stöbern

Markthalle *(Miejskie Hale Targowe)*
Das Gebäude stammt von 1938.
Ul. Wojta Radtkiego/ul. 3 Maja | www.haletargowegdynia.pl | Mo–Sa 9–15 Uhr

Centrum Riviera Shopping Center
Vielleicht das beste Einkaufszentrum der Dreistadt, 250 Geschäfte. Großer Supermarkt mit frischem Gemüse, Obst und Lebensmitteln für Vegetarier und Veganer (noch selten in Polen). Spielgelegenheiten für Kinder.
Ul. Kazimierza Gorskiego 2 |
www.centrumriviera.pl | Mo–Sa 10–21 Uhr

Die Kliffküste bei Orłowo, man kann bis Gdynia am Strand entlanggehen

Die Marienburg
Sitz und Bollwerk des Deutschen Ordens

Rund 40 000 Einwohner zählt die Ortschaft Malbork (Marienburg) am Rande der Weichselniederung. Zu Besuch kommen jährlich um die 500 000 Touristen, deren Interesse fast ausschließlich der Burg gilt. Die flächenmäßig größte Festung der Welt ist wahrlich imposant. Was zog die Ritter des Deutschen Ordens im 13. Jahrhundert ausgerechnet in diese, damals trostlose Gegend am Rande der Zivilisation?

Wer waren die Ordensritter?

Ab 1095 werden durch Papst Urban II. die friedlich-religiösen Wallfahrten bußwilliger Pilger aus dem christlichen Abendland in Kreuzzüge mit bewaffneten Glaubenssoldaten umfunktioniert. Die Ideologie vom heiligen Krieg wird erfunden, die Zeit der Rittermönche beginnt. In diesem Sinne verwandelt sich 1198 die bisher segensreiche Bruderschaft des „Hospital St. Mariens von Jerusalem“ in eine stramme Rittergemeinschaft. Die Männer in weißen Mänteln mit schwarzen Kreuzen formieren sich zum Deutschen Or-

Vom linken Nogatufer lässt sich die imposante Anlage am besten überblicken

den. An der Spitze des straff organisierten Verwaltungsapparats des Ordens steht der Hochmeister. Der bedeutendste Vorsitzende des christlich-deutschen Ritterverbandes wird Hermann von Salza (1170–1239). Er träumt bald von der Gründung eines eigenen Staates.

Als Fingerzeig Gottes muss von Salza die eindringliche Bitte des masowischen Herzogs Konrad im Jahre 1226 verstanden haben, ihn bei der Sicherung seiner Grenzen gegen die heidnischen Pruzzen zu unterstützen. Er willigt aber erst ein, als ihm als Dankeschön für die erfolgreiche Hilfsaktion von Papst und Kaiser garantiert wird, dass alles in den Besitz des Ordens übergeht, „was er von den Pruzzen mit bewaffneter Hand erobere". Nun kann die christliche Kolonisierung des wilden Ostens beginnen.

Mit der Gnade des Papstes und des Kaisers unterwerfen die Ordensritter die mit ihren primitiven Waffen hoffnungslos unterlegenen pruzzischen Stämme. Uneinnehmbar sind für diese die mittlerweile errichteten roten Ritterburgen. Ihre Aufstände gegen die Versklavung werden blutig niedergeworfen, Anführer wie der junge Hercus Monte aus dem Stamm der Natanger werden hingerichtet. Es folgt die rigorose „Bekehrung" und Taufe mit Kreuz und Schwert.

Die Geister, die Konrad rief, wird er bald nicht mehr los. Der Orden will den Zugang zur Ostsee und damit die gewaltsame Eingliederung Pomerel-

lens mit Danzig. Um 1350 reicht das Staatsgebiet der Rittermönche die Ostsee entlang von der russischen Grenze über Reval (heute Tallinn) und Riga, Memel (Klaipeda) und Königsberg bis nach Pommerellen und Danzig.

Die Marienburg

Die riesige Anlage ist ein vortreffliches Beispiel mittelalterlicher Verteidigungs- und Residenzarchitektur. Der älteste Teil stammt von 1280. Der Ausbau begann, als 1309 der Sitz des Hochmeisters des Ordens im Deutschordensstaat aus Venedig in die Marienburg verlegt wurde. Vorher war hier nur die Niederlassung eines Komturs.

Das weitläufige Backstein-Ensemble besteht aus drei Teilen: der Vorburg, dem Mittelschloss mit Hochmeisterpalast sowie dem Hochschloss. Dieser älteste Teil behielt nach dem Ausbau der Burg weitgehend die Funktion eines Klosters, das Mittelschloss mit dem Hochmeisterpalast wurde zur Residenz der höchsten Ordensverwaltung, die Vorburg bestand vorwiegend aus Wirtschaftsgebäuden. Das Mittelschloss entstand vorwiegend zwischen 1310 und 1330. Etwas jünger ist der westliche Flügel, der Hochmeisterpalast. Hier liegen die repräsentativsten Räume der Marienburg. Im Großen Remter tafelten die Ordensbrüder mit Rittern, die aus ganz Europa anreisten, um den wilden Osten mit dem Schwert in Marienland zu verwandeln. Im gleichen Geschoss liegen nebeneinander der Sommer- und der Winterremter. Beide sind quadratische Audienzsäle mit sechzehnrippigem Palmengewölbe, das nur von einem einzigen Zentralpfeiler getragen wird – eine Glanzleistung der Ordensarchitekten, besonders beeindruckend im monumentaleren Sommerremter. Im Winterremter haben sich Reste von Wandgemälden aus dem beginnenden 15. Jahrhundert erhalten, wohl weil es hier schon im Mittelalter eine Fußbodenheizung gab.

Das an den Palast angrenzende Hochschloss mit quadratischem Innenhof und Kreuzgang ist der älteste Teil der Anlage. Beeindruckend ist die restaurierte Marienkirche mit der „Goldenen Pforte“: Dieses wunderbar verzierte Spitzbogenportal schmücken die Figuren der „klugen Jungfrauen“ auf der einen Seite und der „törichten Jungfrauen“ auf der anderen Seite. Atemberaubend der Ausblick vom 70 Meter hohen Hauptturm.

Das Ende des Ordensstaates

Kaum war die Marienburg 1399 vollendet, wird auch schon das Schlusskapitel der Rittermönche geschrieben. Die Schlacht von Grunwald (Tannenberg) 1410 bringt die entscheidende Wende für Polen. Dann organisiert sich der Preußische Bund gegen den hansefeindlichen Orden: Mit der Niederlage im Dreizehnjährigen Krieg (1453–1466) fällt mit der Marienburg der ritterliche Herrschaftssitz an Polen und ab 1457 residieren in der ehemaligen Trutzburg des Ordens über 300 Jahre lang die Polenkönige, wenn sie von Krakau nach Pomerellen reisen. Neuer Sitz des Hochmeisters wird derweil Königsberg. Im 17. Jahrhundert besetzen die Schweden mehrere Jahre lang

Finstere Herren: Ordensritter im Burgbereich, heute friedlich in Bronze

die Festung, 1807 nimmt auch Napoleon hier Quartier, nachdem die Burg 1772 bei der Ersten Teilung Polens an Preußen gefallen war.

1945 liegt gut die Hälfte der Anlage in Trümmern. In Warschau plant man zunächst den Abriss des Symbols des Deutschtums im Osten, schließlich hatte zuletzt die nationalsozialistische SS die alte Ordensburg zu ihrer neuen gemacht. Doch schließlich erinnert man sich, dass die roten Steine auch polnisch sprechen und interpretiert die Festung an der Nogat als Denkmal im Dienste der Nation. Der äußerst mühsame Wiederaufbau durch polnische Restaurateure war gewiss eine Meisterleistung. Nun steht der Backsteinkoloss seit 1997 als Glanzstück der gotischen Baukunst auf der UNESCO-Liste des Weltkulturerbes.

Eine Burg-Besichtigung ist mit oder ohne Führung möglich, Audioguides stehen zur Verfügung, Dauer rund drei Stunden. Ausgangspunkt ist die Vorburg, von dort kommt man durch die mächtige Toranlage ins Mittelschloss.
Ul. Piastowska | www.zamek.malbork.pl | Mai–Sep. tgl. 9–20, sonst 9–16 Uhr
Schlossmuseum: Mai–Sep. Di-So 9–19, sonst 10–15 Uhr

Hinkommen

Zug: von Danzig Hbf. fahren unterschiedliche Züge praktisch alle 30 Minuten, Fahrzeit 30–50 Min. Die Burg ist vom Bahnhof Malbork fußläufig erreichbar (ca. 800 Meter).

Die kaschubische Küste

Kaschubien

Nach dem Volksstamm der Kaschuben ist das Hinterland der Dreistadt sowie der Küstenbereich vom Putziger Land an der Danziger Bucht bis zu den Dünen am Baltischen Meer benannt.

Der Baltische Höhenrücken rückt hier in dieser Gegend sehr nah an die Ostsee heran. Die malerische Kaschubische Schweiz *(Szwajcaria Kaszubska)* mit der Kaschubischen Seenplatte schließt sich südlich an das kaschubische Küstenland an. Die Region ist ein Eldorado für Naturliebhaber, Wassersportler und Petrijünger. In den kristallklaren Gewässern tummeln sich Hechte, Barsche, Plötzen und Brassen. Die waldreichen Moränenhochflächen türmen sich dagegen bis zu Höhen von über 300 Metern.

Puck (Putzig)

Die inoffizielle Hauptstadt der Küstenkaschuben ist eine der ältesten pommerschen Siedlungen.

Nördlich von Gdynia zweigt bei Reda die Woiwodschaftsstraße 216 nach *Puck* (Putzig) ab. Archäologische Grabungen an der **Putziger Wiek *(Zatoka Pucka)*** ergaben, dass dieser Landstrich im Nordwesten der Danziger Bucht schon in der Jungsteinzeit eine beliebte Wohngegend war. Später zog es Fischer und auch Adelsleut hierher, zum Beispiel nach **Rutzau *(Rzucewo)*.** Ein sicheres Indiz für das Wirken herrschaftlichen Gestaltungswillens ist zum Beispiel die gleich mit vier Lindenreihen bepflanzte Allee hinter Osłonino.

Die Stadtrechte erhält der Ort 1308 vom Deutschen Orden. Bei der Ersten Teilung Polens wird 1772 aus Puck das preußische Putzig. Feierlich erfolgt 1920 die Rückbenennung. General Jósef Haller reitet ins Wasser und wirft als symbolträchtige „Vermählung Polens mit dem Meer" einen Bernsteinring in die Ostsee. Ein Denkmal am Hafen erinnert an diesen für Polen bedeutenden Tag.

Heute zählt Puck rund 11 000 Einwohner und macht einen weitgehend verschlafenen Eindruck. Die einstige Ordensburg trugen die Preußen Anfang des 19. Jahrhunderts ab. Das ehemalige Hafenviertel *Korabne* (Krabbenstadt) hat längst das Meer verschlungen. Hoch her geht es jedoch alljährlich am 29. Juni, wenn eine Flottille bunt geschmückter Kutter von der Halbinsel Hela in Puck einfährt (▸ Seite 33). Diese traditionelle Pilgerfahrt der Fischer am Tag der Apostel Peter und Paul setzt sich an Land in einer Prozession fort und endet mit einer Messe in der Peter-und-Paul-Kirche *(Kościół św. Piotr i Pawla)*. Der gotische Ziegelbau stammt aus dem 14. Jahrhundert und besitzt einen wunderschönen Barockaltar, in dessen Kreuzigungsszene sich Angehörige der Familie Weiher abbilden ließen – damals eine der mächtigsten Familien der Region. Nach ihr ist auch die benachbarte Stadt **Wejherowo** benannt.

◂ *Strand bei Władysławowo*

Im Zentrum des vom Tourismus eher vernachlässigten Städtchens liegt der Marktplatz, pl. Wolności. Er ist von mehreren denkmalgeschützten Bürgerhäusern aus dem 18. und 19. Jahrhundert umgeben. Das Rathaus, ein roter Ziegelbau, stammt aus dem Jahre 1875. Die Promenade verläuft vom Fischerei- zum Jachthafen mit zwei in die Bucht führenden Molen. Hier gibt es Restaurants und kleine Sandstrände.

Villa Puck

Komfortable und geräumige Apartments mit komplett ausgestatteten Küchen. Café mit frischen, hochwertigen Produkten.
Ul. 1 Maja 12 | Tel. (58) 746 38 98 |
www.willapuck.pl | €–€€

Schloss-Hotel Jan III. Sobieski

Das Hotel ist untergebracht in der ehemaligen Residenz des Grafen von Below, sechs Kilometer südöstlich von Puck, wunderbar gelegen, 50 Meter bis zum Strand. Im Jahre 1845 konnte der Bauherr, ein Adjutant des preußischen Königs Friedrich Wilhelm IV, sein neues Herrenhaus beziehen. Als Hotel ist es nach langen Restaurationsarbeiten wiedererstanden und trägt nun den Namen des polnischen Königs. Denn dieser „Retter des Abendlandes" vor den Osmanen 1683 war regelmäßiger Gast im barocken Vorgängerbau gewesen. Gewiss hat der Monarch auch von diesem malerischen Flecken aus einige seiner berühmten romantischen Briefe an seine geliebte Frau Marysieńka geschrieben.

Im noblen Restaurant mit geschnitzter Holzdecke werden unter anderem exzellente Wildplatten und Fischgerichte serviert. Gemütliches Café, doppelstöckige Bibliothek mit Bogengewölbe, Spielplatz, Fahrradverleih, nebenan ein Reitstall. Apartments und 27 stilvoll eingerichtete Zimmer. Auch Zimmer für Allergiker.

Nur ein paar Felder entfernt steht ein weiteres herrschaftliches Gebäude derer von Below, heute ebenfalls ein Hotel.
in Zelistrzewo | Rzucewo 6 |
Tel. (58) 673 88 05 |
www.zameksobieski.pl | €€–€€€

Na Molo

Pavillon in herrlicher Lage auf der Mole am Jachthafen und direkt neben dem kleinen Sandstrand. Durch Panoramafenster blickt man weit auf die Bucht. Serviert werden vor allem Fischgerichte, ansonsten internationale und polnische Küche.
Ul. Lipowa 84 | Tel. 570 92 94 00 |
www.namolopuck.pl | tgl. 10–22 Uhr |
€–€€

Regionalmuseum *(Muzeum Ziemi Puckiej)*

Das in zwei Häusern eingerichtete Museum zeigt unter anderem Funde aus dem im Meer versunkenen Stadthafen, kaschubische Handwerkskunst, Originaleinrichtungen typisch kaschubischer Haushalte und Handwerksstätten, darunter eine Schmiede aus dem 19. Jahrhundert.
Plac Wolności 28 |
Mo–Fr 8–15, Sa 9–14, So 10–14 Uhr

Hinkommen

Zug: ca. alle 2 Std. Verbindungen auf der Strecke Gdynia–Puck–Władysławowo–Halbinsel Hel, Fahrzeit Gdynia–Puck 30–40 Min.
Bus: Regelmäßig Verbindungen aus Gdynia, Karwia, Władysławowo

Die Kaschuben

Anna Bronski, die kaschubische Oma mit den vier Röcken in Günter Grass' Roman „Die Blechtrommel" sagt, wie es ist: „So isses nu mal mit de Kaschuben. Die missen immer dableiben und Koppchen hinhalten, damit de anderen drauftäppern können, weil unserains nich richtich polnisch is und nich richtich deitsch jenug, und wenn man Kaschub is, das raicht weder de Deitschen noch de Polacken. De wollen es immer jenau haben."

Die Geschichte hat die Kaschuben gewiss nicht verwöhnt. Sie waren nie autonom, es gab aber auch kaum dahingehende Bestrebungen und es wäre wohl auch sinnlos gewesen. So berappten sie ihre Steuern den Danzigern, auch mal den Schweden, aber vor allem den Deutschen und Polen. Die einen wollten sie germanisieren, die anderen polonisieren. Die Kaschuben, ein slawisch-pomoranischer Volksstamm, blieben indes hartnäckig und bewahren bis heute ihre kulturelle Identität.

Schätzungsweise 230 000 Kaschuben soll es heute im Norden Polens noch geben, etwa 100 000 benutzen die kaschubische Sprache noch als Umgangssprache. Sie gehört zum Westslawischen und besitzt sowohl deutsche als auch altpreußische Lehnwörter. Die Ortsschilder in Kaschubien sind zweisprachig. Der Siedlungs- und Sprachraum erstreckt sich an der Küste zwischen Gdańsk und Krokowa und von dort ungefähr 150 Kilometer ins Hinterland.

Die berühmte kaschubische Volkskunst, vor allem Stickereien und Keramik, ist bei polnischen und ausländischen Touristen sehr begehrt. Als Zentrum der überaus farbigen Keramik mit der dominanten blauen Blume darf das kleine Städtchen Chmielno westlich von Kartuzy angesehen werden (▸ Seite 107).

Siedlungsgebiet der Kaschuben

Władysławowo (Großendorf)

Das frühere Großendorf, acht Kilometer nördlich von Puck, zählt etwa 10 000 Einwohner und gilt als Zugang zur Halbinsel Hel.

Seinen Namen bekam der heutige Badeort in Anlehnung an den polnischen König Władysław IV., der ab 1641 neben dem Dorf Großendorf die Festung Władysławowo erbauen ließ. Die größte Stadt an der kaschubischen Küste entstand aber erst nach dem Zweiten Weltkrieg und besticht nicht gerade durch bauliche Sehenswürdigkeiten. Neben dem interessanten und größten **Hochseefischereihafen** Polens fallen lediglich zwei Gebäude besonders ins Auge: die **Mariä-Himmelfahrt-Kirche** als erstes nach dem Krieg modern erbautes Gotteshaus Polens und das monumentale **Haus der Fischer** ***(Dom Rybaka)*** mit seinem 63 Meter hohen Aussichtsturm aus den 1950er-Jahren.

Aussichtsturm in Władysławowo

Im Süden liegt zwischen Władysławowo und Puck das alte Dorf **Swarzewo (Schwarzau).** Es erlangte überregionale Berühmtheit durch eine 55 Zentimeter kleine Skulptur der **Muttergottes** mit dem Christuskind aus dem 15. Jahrhundert. Sie soll von Lutheranern während der Reformation in die Bucht geworfen und bei Schwarzau wieder angeschwemmt worden sein. Seitdem wird das heilige Figürchen für allerlei Wunder verantwortlich gemacht. Es steht heute im Hauptaltar der neugotischen Kirche. Seit 1776 finden ihm zu Ehren Pilgerfahrten statt.

Touristeninformation
Neben dem Busbahnhof (PKS).
Ul. Towarowa | Tel. (58) 674 44 72 |
www.wladyslawowo.pl/dla_turysty

Rejs
Freundliches 3-Sterne-Hotel, 50 Meter zum Strand, 400 zum Hafen.
Ul. Hryniewieckiego 4 | Tel. (58) 774 05 00 |
www.hotel-rejs.pl | €€

Beach Club Gwiazda Morza
Direkt am Meer. Mediterrane Gerichte, Frühstück auf dem Strand.
Ul. Hryniewieckiego 12a |
Tel. 502 66 57 40 |
www.gwiazdamorza.com | €–€€

Hinkommen

Zug: ca. alle 2 Std. Verbindungen auf der Strecke Gdynia–Puck–Władysławowo–Halbinsel Hel
Bus: Regelmäßig Verbindungen aus Gdynia, Puck und Karwia

Karte ▸ Umschlagklappe vorn

35 Kilometer allerfeinster Sandstrand: Die Halbinsel Hel ist ein Urlaubsparadies

Die Halbinsel Hel *(Mierzeja Helska)*

Die sichelförmige Halbinsel ragt 35 Kilometer in die Danziger Bucht und schließt sie im Nordwesten von der Ostsee ab. Die Kaschuben gaben ihr den Namen *krowi ogon,* Kuhschwanz, denn wie ein solcher streckt sich der lange Dünenstreifen vom Hinterteil Pommerns ins Baltische Meer.

Die natürlichen Eigenschaften von Hel: Bis zu 25 Meter hohe Dünen, zauberhafte Sandstrände an der Ostseeküste, windzerzauste Kiefern und eine reiche Vegetation an Heidekrautgewächsen. Erst im späten Mittelalter wuchsen hier kleinere Inseln und Sandbänke durch Wind, Strömung und Wellen zur langgestreckten Halbinsel zusammen. An manchen Stellen ist Hel gerade mal 200 Meter breit. Seit 1978 gehört sie und ein Großteil der Putziger Wiek zum geschützten **Küstenlandschaftspark *(Nadmorski Park Krajobrazowy)*.**

Es gibt fünf Möglichkeiten, auf die Halbinsel zu gelangen: Die schlechteste ist sicherlich, mit dem PKW anzureisen. In den Sommermonaten staut sich oft kilometerweit der Autoverkehr zwischen den fünf Fischerdörfern. Die öffentlichen Busse haben natürlich dasselbe Problem. Viel entspannter ist da die Zugfahrt von Władysławowo oder Gdynia aus. Ein schöner neuer Radweg führt von Władysławowo über 40 Kilometer bequem an der Buchtseite entlang. Am interessantesten ist aber, so finden wir, die Halbinsel mit dem Schiff anzusteuern, von Sopot, Gdynia oder Danzig aus.

Hel auf Hel

Hauptort der Halbinsel ist die Ortschaft Hel (Hela) am südlichen Zipfel der Halbinsel. Hier befindet sich der einzige Fährhafen der Nehrung.

Der Fischereihafen gleich daneben wurde 1893 gebaut. Mit der Ernennung zum Ostseekurort im Jahre 1896 begann die zaghafte touristische Erschließung Hels und der gleichnamigen Halbinsel. Der Haupterwerb der Bevölkerung blieb jedoch der Fischfang. Gemäß dem Versailler Vertrag kam Hel 1920 zu Polen. Nachdem die politische Vereinnahmung der „Freien Stadt" Danzig durch die Nazis den Frieden gefährdete, erklärte Polen 1936 den schmalen Landstreifen zum militärischen Sperrgebiet. Nach dem Krieg und noch bis Anfang der 1990er-Jahre war Hel-Ort eine für Ausländer geschlossene Militärstadt.

Zu den Sehenswürdigkeiten des 5000 Einwohner zählenden Städtchens gehören die **Fischerkaten** aus dem 19. Jahrhundert in der autofreien ul. Wiejska. Typisch für diese ein- bis zweistöckigen Häuser sind ihr Fachwerkstil und die zweigeteilten Eingangstüren. Der obere Teil blieb im Sommer, wenn es das Wetter zuließ, offen. Mehrere wurden zu kleinen gemütlichen **Fischrestaurants** umgestaltet. Großer touristischer Beliebtheit erfreut sich am nördlichen Ende der Promenade das **Fokarium,** die Robbenstelle des Meeresinstituts der Universität Danzig (▸ Seite 99).

In der Nähe des wunderschönen Ostseestrandes, breit und feinkörnig, lugt der 41,5 Meter hohe **Leuchtturm** aus dem Kiefernwald. Er stammt aus dem Jahre 1942, seine Plattform ist während der Saison geöffnet. Eine Höhe von 21 Metern erreicht der Glockenturm der ehemaligen Kirche **St. Peter und Paul.** Auch von dort oben hat man einen guten Überblick.

Der Hauptort Hel der gleichnamigen Halbinsel

Abendstimmung am Strand von Hel

Das gotische Gotteshaus aus dem 15. Jahrhundert dient seit 1971 einem liebevoll eingerichteten **Fischereimuseum.** Es informiert über die Geschichte von Hel sowie über die Ostseeflora und -fauna. Zu sehen sind unter anderem eine Bootswerkstatt, Fischereigerät und alte Kutter.

Fokarium
Beliebte Robbenstation, eine der Hauptattraktionen der Halbinsel.
Ul. Morska 2 | www.fokarium.pl | Juli/Aug. tgl. 9.30–21, sonst bis 19 Uhr | Fütterung 11 und 14 Uhr

Fischereimuseum ***(Muzeum Rybołowstwa)***
Zweigstelle des Zentralen Meeresmuseums in Danzig. Themen sind Ostseefischerei, Fauna und Flora, ökologische Probleme.
Bulwar Nadmorski 2 (in der ehemaligen Kirche) | Di–So 10–16 Uhr

Praktische Tipps

Hinkommen

Bahn: Hel ist wie alle anderen Ortschaften der Halbinsel von Władysławowo, Puck und Gdynia regelmäßig zu erreichen.
Schiff: Ende Juni bis Anfang September pendeln Dampfer der Weißen Flotte mehrmals täglich zwischen Hel und Danzig (ca. 3 Std. einfach), Sopot (ca. 1,5 Std. einfach) und Gdynia (ca. 1 Std. einfach), Fahrradmitnahme ist möglich.
www.zegluga.pl

Gut zu wissen

Touristeninformation Hel
In Promenadennähe.
Ul. Wiejska 78 | Tel. (58) 675 10 10 | www.hel.pl

Von Suppe bis Torte

Maszoperia

Das berühmte Fischlokal in der ältesten Kate des Ortes ist eine Institution. Anna Chwirot leitet in dritter Generation die Gaststätte, in der neben kaschubischen Spezialitäten zum Beispiel Lachs in sechs Variationen, Dorsch im Biersud und hin und wieder auch Hummer serviert werden.
Ul. Wiejska 110 | Tel. (58) 675 02 97 |
www.maszoperia.net

Captain Morgan

Das kleine, urige Restaurant ist eine Seefahrerstube wie aus dem Bilderbuch: Überall an Wänden und Decke hängen maritime Fundstücke, Netze, Seefahrerutensilien. Frischen Fisch gibt es in allen Variationen, großzügige Portionen. Sehr gutes, regionales Bier. Auch vegetarische Gerichte. Ein kleines günstiges Hotel gehört dazu.
Ul. Wiejska 21 | Tel. (58) 675 00 91 |
www.captainmorganhel.pl

Weitere Seebäder auf Hel

Die Putziger Bucht ist ein Dorado für Wassersportfans. Nirgendwo in Polen gibt es mehr Surf- und Kiteschulen, denn die geringe Wassertiefe und die stabilen Winde machen das Lernen einfacher. Profis tummeln sich am anderen Ufer, in der raueren Ostsee.

Der kleine Ort **Jurata (Danziger Heisternest)** entstand erst in der Zwischenkriegszeit. Einigen Pensionen und Villen ist noch anzusehen, dass sich hier mal ein nobler Kurort etablieren wollte, bevor Krieg und Kommunismus dieses Vorhaben beendeten. Nach der Wende erinnerte sich der Multimillionär Zbigniew Niemczycki offenbar an diese Zeiten und baute mitten in die Stranddünen für die neue polnische Schickeria das supermoderne Luxushotel *Bryza* mit Spa- und Beautyanwendungen.

Alle sollen wissen, wie schön die Erkundung der Halbinsel mit dem Fahrrad ist

Der Ortsname bezieht sich auf Jurate, die märchenhafte Prinzessin des Baltischen Meeres, deren Tränen zu Bernstein geronnen. Sie steht als Brunnenfigur an der **Promenade,** die die Seeseite mit der Buchtseite verbindet, wo ein 320 Meter langer Seesteg ins ruhige Wasser hinausführt.

Jastarnia (Putziger Heisternest), ist eine uralte Fischersiedlung. Sie wurde schon 1378 als *Osternäs* erwähnt. Zur beliebten Sommerfrische entwickelte sie sich erst nach dem Ersten Weltkrieg. Außer der neubarocken Kirche von 1931 gibt es eine erhaltene **Fischerhütte** mit originaler Einrichtung aus dem 19. Jahrhundert (ul. Rynkowa 8) und das private **Fischermuseum** des Kaschuben Juliusz Struck, der altes Fischergerät und altkaschubische Einrichtungsgegenstände gesammelt hat (ul. Mickiewicza). Beide sind nur in der Hauptsaison geöffnet.

In **Kuźnica (Kussfeld)** liegen gelbe Kähne am Ufer, daneben Stellnetze, Aalreusen, frische Flundern in Kisten. Ein paar alte Fischer sitzen auf dem Steg, von der nahen Fischräucherei kommt würziger Duft – ein Idyll abseits der Touristenströme. Doch auch dieser ruhige Ort besitzt einen schönen **Strand** auf der Ostseeseite.

Als „St. Tropez Polens" titulierte man in den 1970er-Jahren das Seebad **Chałupy (Ceynowa).** Denn hier traf sich die Elite der polnischen Kulturschaffenden und die Strandgäste bewegten sich wie sonst nirgends in Polen ungeniert hüllenlos. Noch heute ist hier einer der wenigen FKK-Strände Polens. Spätestens in den 1980er-Jahren wurde das freizügige Seebad durch den Sommerhit *Chałupy welcome to* im ganzen Land berühmt. Heute ist die Ortschaft in erster Linie ein **Windsurfer- und Kiterparadies.** Rund ein Dutzend Surf- und Kiteschulen bieten hier ihre Dienste an. Kultureller Höhepunkt des Jahres ist das kaschubische Volksfest Ende Juli mit der farbenfrohen **Regatta „Bote pod żoglame"** (Boote unter Segeln) (▸ Seite 33).

via Tipp Mit dem Fahrrad nach Hel

Auf dem neuen 40 Kilometer langen Radweg von Władysławowo bis zur Ortschaft Hel lässt sich die Halbinsel auf besonders angenehme Weise erkunden. Unterwegs gibt es zahlreiche Picknickstationen. Von dort ist es meist auch nur ein Katzensprung über die Gleise von der Bucht zu den Sandstränden an der Ostsee.

Meridian

Direkt am Haff, 34 geräumige, modern ausgestattete Zimmer. Spa-Bereich, Sauna, familien- und surferfreundlich. Kinderfreundliches Buffet. Vorzügliches Fischrestaurant.

Chałupy | Ul. Kaperska 2 | Tel. (58) 674 19 01 | www.hotelmeridian.pl | €€

Camping Małe Morze Nr. 72

Wind- und Kitesurfschule, Laden, Taverne, Bootsverleih, ganzjährig.

Chałupy | Ul. Starowiejska 32 | Tel. (58) 674 12 31 | www.malemorze.pl

Windsurfing Center Draga

Kurse im Wind- und Kitesurfen. Holzhäuschen für 3–6 Personen. Surfbar.

Jastarnia | Ul. Polna 5 | Tel. (58) 675 33 77 | www.jastarnia.com.pl

Hinkommen

Zug: Alle Ortschaften der Halbinsel sind von Władysławowo, Puck und Gdynia regelmäßig zu erreichen. Züge halten in Chałupy, Kuźnica, Jastania, Jurata und Hel.

Jastrzębia Góra (Habichtsberg)

Das Seebad mit seinen rund 1 000 Einwohnern ist wohl die beliebteste Sommerfrische an der kaschubischen Küste. Der in der Vorkriegszeit mondäne Badeort liegt an einer spektakulären Steilküste.

Ein herrlicher Höhenweg führt direkt am steilen **Kliff** entlang. Weit unten verläuft der breite, fast weiße und kilometerlange **Sandstrand** in Richtung Władysławowo und Karwia. Holzstege und Stufen führen die 33 Meter hohe bewaldete Klippe hinunter. Von einem einst komfortablen Aufzug zum Strand aus der Vorkriegszeit sind nur noch Reste erhalten. Heute steigt man am sanftesten über den Strandweg im westlichen Stadtteil bergab.

In den stürmischen Wintermonaten raubt das Meer hier bis zu zwei Meter Land jährlich. Mit Steinpackungen und Beton an der Abbruchkante sowie Buhnen im Meer will man die Naturgewalt zähmen. Nach neuen Messungen liegt an der im Sommer trubeligen Promenade des Küstenortes der nördlichste Punkt Polens, was bedeutet, dass der Leuchtturm am Kap Rozewie diesen Titel abtreten musste. Der **Nordstern-Obelisk** weist darauf hin. Ansonsten liegen an der zentralen **Promenada Światowida** Bars, Biergärten, Imbissbuden und Souvenirläden. Einige schöne Villen aus den 1930er-Jahren stehen noch in der ul. Bałtycka.

Das südlich des Seebads gelegene **Kap von Rozewie (Rixhöft)** ist also der zweitnördlichste Zipfel Polens. Der Ort auf dem 54 Meter hohen Ufer hat gleich **zwei Leuchttürme,** wobei der jüngere (1875) nicht mehr in Betrieb ist. Den älteren aus dem Jahre 1822 hat man 1978 auf 33 Meter aufgestockt und ein kleines **Leuchtturmmuseum *(Muzeum Latarnictwa)*** zur Entwicklung des Leuchtturmwesens vom Altertum bis in die heutige Zeit eingerichtet. Der Turm ist nach dem polnischen Schriftsteller Stefan Żeromski (1864–1925) benannt, der hier 1922 seinen Roman *Wiatr od morza* (Der Seewind) schrieb. Von ganz oben genießt man einen fantastischen Ausblick auf die kaschubische Küste und die Danziger Bucht.

Ul. Leona Wzorka 1 | www.tpnmm.pl | Juli/Aug. 9–19, Mai/Juni/Sep. 10–14 und 15–18 Uhr

Touristeninformation

Im Pavillon am Kaschubenbrunnen.

Promenada Swiatowida | www.jastrzebiagora.pl

Willa Victor

Grandios: Villa von 1928 direkt an der Steilküste, alle 10 Zimmer mit Meerblick, Restaurant mit hervorragender regionaler Küche und herrlicher Außenterrasse, spektakuläre Sonnenuntergänge. Treppe zum Strand.

Ul. Bałtycka 33 | Tel. (58) 674 95 74 | www.willavictor.pl | €€

Kredens

Im Zentrum. Rustikale Einrichtung, traditionelle polnische Küche, auch italienische Klassiker. Für Vegetarier geeignet. Im Sommer regelmäßig Livemusik, manchmal auch kaschubische Folklore.

Ul. Kaszubska 1 | Tel. (58) 674 95 81

Hinkommen

Busse verkehren regelmäßig von Gdynia, Karwia und Władysławowo.

Der Leuchtturm von Rozewie besitzt auch ein Museum

Karwia (Karwen)

Auch das frühere Fischerdorf Karwia westlich von Jastrzębia Góra lebt heute fast ausschließlich vom sommerlichen Fremdenverkehr. Hier endet der „Weg zur Sonne", wie man die Küstenstraße bei ihrem Bau 1928–1931 nannte. Endlos dagegen erscheinen Sand und Strand, gesäumt von knorrigen windschiefen Kiefern. Der drei Kilometer lange und breite Sandstrand ist das touristische Pfund, das die Siedlung in der Zwischenkriegszeit zum kleinen Badeort machte. Karwia besitzt heute einige einfache Unterkünfte.

Das Hinterland ist ein ausgedehntes Sumpfgebiet. Ab 1599 siedelten im **Karwenbruch** ***(Karwieńskie Błoto)*** Holländer, um es trockenzulegen. Einige Fachwerkkaten aus dem 19. Jahrhundert sind im gleichnamigen Sumpfdorf noch erhalten.

Krokowa (Krockow)

Der hübsche Ort liegt sieben Kilometer südlich der Ostseeküste. Neben der neugotischen Kirche von 1850 steht hier das 1784 erbaute Schloss der hinterpommerschen Adelsfamilie Krockow.

Die Krockows kamen im 13. Jahrhundert im Zuge der Ostbesiedelung aus dem Fränkischen. Damals entstand hier ein **Rittergut**, das in den folgenden Jahrhunderten mehrmals umgestaltet wurde. Die heutige Dreiflügelanlage weist vorwiegend barocke Züge auf. Mit der grundlegenden Restaurierung begann man nach der politischen Wende auf Initiative des Familienältesten Albrecht Graf von Krockow und unter Aufsicht des Woiwodschaftskonservators.

Von der früheren Innenausstattung sind unter anderem der herrliche ba-

Buchtipp:
Die Reise nach Pommern
Christan Graf von Krockow (dtv)
Hochinteressante Geschichten und Erinnerungen ohne jegliche Geschichtsnostalgie.

rocke Kachelofen von 1738 und drei Neorenaissanceöfen (um 1870) erhalten. Die Residenz beherbergt heute ein Hotel und ist Sitz der Stiftung Europäischer Begegnung sowie kaschubisches Zentrum für Kultur *(Kaszubskie Centrum Europejskich Spotkań)*. Eine kleine **Ausstellung** im Erdgeschoss ist der Familiengeschichte derer von Krockow gewidmet.

Der **Schlosspark** wurde ab 1725 angelegt und je nach der vorherrschenden Mode verändert. Vor dem Krieg galt die Anlage mit ihren exotischen Bäumen und Sträuchern als einer der schönsten botanischen Gärten Hinterpommerns. Durch den Park führt die Philosophenallee. Sie soll ihren Namen 1792/93 bekommen haben, als der deutsche Philosoph Johann Gottlieb Fichte (1762–1814) Hauslehrer der Krockow-Kinder war.

Umgebung

Am **Zarnowitzer See *(Jez. Zarnowieckie)*** befinden wir uns auf historischem Boden. Nach dem Ersten Weltkrieg verlief hier mitten durch den See die deutsch-polnische Grenze. Östlich davon lag der polnische Korridor mit Zugang zum Meer, den der Versailler Vertrag Polen zugebilligt hatte.

In **Zarnowiec (Zarnowitz)** steht der einschiffige Ziegelbau der **Kirche Mariä Verkündigung** aus der ersten Hälfte des 14. Jahrhunderts. Sie gehörte zum Zisterzienserinnen-Kloster, das hier um 1220 gegründet wurde. Ende des 16. Jahrhunderts wurde es von Benediktinerinnen übernommen. Nonnen dieses Ordens leben noch heute hier. Zum Kloster gehörte lange Zeit der 12 Kilometer entfernte Badeort **Dębki (Dembeck)** an der Mündung der Piaśnica und mitten im geschützten Meeres-Landschaftspark *(Nadmorska Park Krajobrazowy)*. Hier trifft man wieder auf den an der Ostseeküste üblichen Sommertrubel. Ein Zeltplatz liegt neben dem anderen, sandige Pfade führen durch Kiefernwald zu den herrlich weiten Stränden. Westlich des Flusses befindet sich eine der wenigen in Polen tolerierten FKK-Badestellen.

Schloss Krokowa
37 Zimmer, stilvoll und mit hohem Standard. Preislich günstiger ist das Gästehaus nebenan. Das elegante Hotel-Restaurant bietet vorzügliche kaschubische Küche. Urgemütliches, feines Café und Sommerterrasse.
Ul. Zamkowa | Tel. (58) 774 21 11 | www.zamekkrokowa.pl | €€

Deutsch-Polnisches Museum
Neben dem Schloss befindet sich eine kleine Außenstelle des Westpreußischen Museums von Münster-Wolbeck mit Ausstellungen zur kaschubischen Kultur.
Juli/Aug. tgl. 10–18, sonst Di–So 11–16 Uhr

Hinkommen

Regelmäßig fahren Busse von Wejherowo und Zarnowiec.

Die Kaschubische Schweiz

Die Landschaft im Herzen Kaschubiens ist grandios. Seit 1983 ist sie teilweise als Kaschubischer Landschaftspark *(Kaszubski Park Krajobrazowy)* geschützt.

Die Kaschubische Schweiz *(Swajcaria Kaszubska)* – das sind betörend schöne eiszeitliche Moränenhügel, meist lieblich gewellt, zuweilen aber auch recht steil aufragend und stets von Wald überzogen. Dazwischen liegen rund 200 lang gestreckte Rinnenseen, jeder von ihnen ist mit kleinen Sand- und Badebuchten individuell geformt. Nicht selten sind die absolut sauberen Gewässer mit Seerosen betupft. Es schließen sich Wiesen, Weiden, Felder an, schließlich Birken-, Buchen- und Kiefernsaum. Begrenzt wird das Gebiet ungefähr von den Städtchen Kartuzy und Chmielno sowie dem weiteren Umkreis von Kościerzyna.

Hinkommen

Zug: von Danzig Hbf. stündlich nach Kartuzy, ca. 75 Minuten.
Bus: von Kartuzy regelmäßige Verbindungen mit allen größeren Ortschaften der Umgebung.
Fahrrad: Der Kaschubische Weg, *szlak kaszubski,* verbindet die kaschubischen Kleinstädte Kartuzy und Kościerzyna. Die 22 Kilometer lange Tour ist landschaftlich sehr reizvoll. Man passiert unterwegs sechs kaschubische Seen.

Für eine eintägige Rundtour durch die Kaschubische Schweiz empfiehlt sich aber eher ein eigenes Auto.

Die Kaschubische Schweiz: Reizvolle Landschaft mit Hügeln, Wald und Wasser

Schöne Lage, im Innern eher düster: die Klosterkirche der Kartäuser

Kartuzy (Karthaus)

Der weit verzweigte Ort, 33 Kilometer von Danzig entfernt, gilt als das Zentrum der Kaschubischen Schweiz.

Die Entstehung der heutigen Kleinstadt (16 000 Einwohner) geht auf Kartäusermönche zurück, die sich im Jahre 1381 hier niederließen. Die vornehmlich deutschen Mönche kamen aus Prag und hatten gute Kontakte zum Deutschen Orden. Im damals wohl sumpfigen Gelände gründeten sie das Kloster Marienparadies.

Vom ehemaligen Klosterkomplex ist außer dem gotischen Refektorium und einem Rest des Kreuzgangs mit Gewölbe noch eine von ehemals 18 Mönchsklausen und die Klosterkirche erhalten. Sie steht unterhalb des Ortszentrums direkt am Klostersee neben dem Friedhof in einer typischen Moränenmulde und ist aufgrund ihrer enormen Ausmaße kaum zu übersehen. Dem ausgeprägten Jenseitskult des Ordens entsprechend ist ihr riesiges und doppelt gebrochenes Walmdach einem Sargdeckel nachempfunden. Die reiche Innenausstattung stammt großteils noch aus dem 15. bis 17. Jahrhundert.

Kaschubisches Museum
(Muzeum Kaszubskie)
Schwerpunkt der Ausstellungen sind Erzeugnisse der kaschubischen Volkskunst wie bunte Stickereien, Webereien, Keramik, Glasmalereien und Holzskulpturen. Außerdem werden volkstümliche Musikinstrumente, bäuerliches Arbeitsgerät und Typisches aus der kaschubischen Wohnstube gezeigt. Schön sind die als *Kaszebsko Pupa* bezeichneten Puppen, originell die Tabaksbeutel aus Horn. Das Schnupfen von Tabak ist ein fester Bestandteil der kaschubischen Alltagskultur.

Ul. Kościerska 1 | Kartuzy | Di–Fr 9–16, Sa 9–15 Uhr, 1.5.–30.9. auch So 10–14 Uhr

Karte ▸ Umschlagklappe vorn

Chmielno

Das aufgeräumte Straßendorf liegt kaum 10 Kilometer westlich von Kartuzy an drei typischen Rinnenseen.

Überhaupt hat der Herrgott über dieser Gegend besonders kräftig seine Wasserzuber ausgeleert, wie die Sage meint. Eine kaschubische Redensart heißt: „Egal, wo du einen Stein hinwirfst, er fällt ins Wasser". Es reiht sich tatsächlich See an See, genauso wie in Masuren – nur ohne Mücken, fügt der Kaschube keck hinzu.

Der größte ist vielleicht auch der schönste See: Der *Jez. Raduńskie Dolne i Górne,* der Untere und Obere Radaunensee. An seiner östlichen Seite verläuft ein schöner Fahrradweg. Die Radaune *(Radunia),* die Königin der kaschubischen Flüsse, hat hier ihr Quellgebiet, sie durchfließt mehrere Dutzend Seen und mündet schließlich nach 105 Kilometern bei Danzig in die Bucht.

Die berühmteste Familie von Chmielno und der Umgebung sind die Necels. Die kaschubische Töpferfamilie lebt und arbeitet hier schon seit 1897. Neben ihrer Werkstatt (mit Verkauf) hat sie ein kleines **Keramikmuseum** eingerichtet. Hier können Sie die hübschen, typisch kaschubisch bemalten Töpfe, Krüge, Becher und Vasen bewundern. Die charakteristischen Muster der Ornamentik sind blaue Tulpen, Rosen, Sterne, Wasserlilien, Flieder, Fischschuppen.

Familie Necel: Keramikwerkstatt, Privatmuseum und Verkauf
Ul. Gryfa Pomorskiego 63 | Chmielno | www.necel.pl

Kaschubisches Freilichtmuseum

Der ***Kaszubski Park Etnograficzni* (Kaschubischer Ethnografischer Park)** im Dorf Wdzydze Kiszewskie (ca. 72 km von Danzig) ist Polens ältestes Freilichtmuseum und zugleich eine der größten Sehenswürdigkeiten Kaschubiens.

Im Jahre 1906 mit einem Dorfhäuschen eröffnet, besitzt der Freilichtpark heute 40 historische Gebäude aus Kaschubien, die meisten aus dem 19. Jahrhundert. Gehöfte, Wohn- und Wirtschaftsgebäude, eine Dorfschule, ein Sägewerk, zwei Windmühlen und ein hübsches Holzkirchlein aus dem 18. Jahrhundert erlauben, sich in alte kaschubische Zeiten zurückzuversetzen. Die Kirche wurde seinerzeit in dem kaschubischen Dorf Swornegacie ab- und auf dem Museumsgelände wieder aufgebaut.

Einkehren kann man von Mai bis September im Wirtshaus „Karczma Wygoda", in Läden und an Ständen wird kaschubische Volkskunst zum Verkauf angeboten. Mitte Juli findet der traditionelle Jahrmarkt mit kaschubischen Folkloreveranstaltungen statt.

ul. T. i I. Gulgowskich 68 | 83-406 Wdzydze | www.muzeum-wdzydze.gda.pl | Di–Fr 9–16, Sa/So 10–18 Uhr

Die slowinzische Küste

Im Land der Slowinzen

Je mehr man sich dem Baltischen Meer nähert, desto flacher wird die Landschaft, zuweilen ist das ehemalige Hinterpommern tischplatt.

Westlich des kaschubischen Küstenlandes ziehen sich Chausseen schnurgerade durch das Bauernland, oft von mächtigen uralten Bäumen gesäumt, Kilometer um Kilometer, bis an den Horizont. Wie zu Torbogen wölben sich die Äste zusammen, Paar um Paar verschränken sich die Kronen ineinander – wahre Kathedralen der Natur. Felder heben und senken sich, der Wind kräuselt Wellen ins Korn und die heranfliegenden Wolken scheinen in sie hineinzutauchen. Störche zu Dutzenden stolzieren in den Moorwiesen oder schreiten über die Äcker in der vom Pflug gerade aufgeworfenen Furche.

Łeba (Leba)

Das knapp 4 000 Einwohner zählende Seebad ist das Tor zum 18 000 Hektar großen Slowinzischen Nationalpark mit seinen berühmten Wanderdünen.

In den sommerlichen Ferienwochen herrscht hier tolles Remmidemmi, Partystimmung in allen Gassen. Brechend voll sind dann die kleinen Bierzelte, die Bars und die Terrassen der zahlreichen Fischtavernen, vor allem am wirklich hübsch-bunten **Fischkutterhafen** am **Kanal Chełst**, der den Łeba-Fluss mit dem **Sarbsko-See** ***(Jez. Sarbsko)*** verbindet. Die touristische Infrastruktur ist bestens entwickelt und das beliebte hinterpommersche Seebad kann ein Vielfaches seiner Einwohnerzahl an Urlaubern aufnehmen. Unterkunft bieten neben Hotels und Pensionen auch viele Privatquartiere und gut ein Dutzend **Campingplätze.**

Das sommerliche Freizeitprogramm – speziell für junge Gäste ausgerichtet – kann sich sehen lassen: Die Angebote reichen von Surfen und Wasserski über Hochseeangeln, Segeln und Radfahren bis Reiten im nahen Gestüt von Nowęcin. Laute Techno-Paraden, Miss-Bikini-Wahlen und der Lunapark runden das Angebot an den Abenden ab.

In Seitengassen und in der quirligen **ul. Kościuszki** sind noch einige einstöckige **Fischerkaten** aus dem 18. und 19. Jahrhundert erhalten. Das zweifellos schönste Gebäude des Seebads hat man vor mehr als 100 Jahren auf eine Düne direkt an den Oststrand gesetzt. Mit seinem runden Turm wirkt das ehemalige Kurhaus wie ein stolzes Schlösschen, das mutig Sand und Wasser trotzt. Im späteren **Hotel Neptun** verkehrten regelmäßig die expressionistischen „Brücke"-Maler um Max Pechstein, aber auch Promis wie Max Schmeling und Anny Ondra. Gustaf Gründgens verfilmte hier Fontanes „Effi Briest". Heute ist das „Neptun" das erste Haus am Platz.

Die kerzengerade ul. Turystyczna führt nicht nur an den herrlich

◂ *Eine Wanderung zu den Wanderdünen von Łeba ist ein einzigartiges Erlebnis*

breiten, fast schneeweißen **Weststrand,** sondern auch in die (sandige) Geschichte der Siedlung an der Leba-Mündung. Inmitten der Dünen und des Kiefernwalds ragen nämlich noch gotische **Ruinen** der alten Dorfkirche St. Nikolaus aus dem Sand, wo einst Markttreiben herrschte und der Pastor im Jahre 1558 seine letzte Predigt hielt. Danach entschloss sich die Gemeinde vor ihren zwei größten Feinden zu kapitulieren: Vor den gefährlichen Überschwemmungen und vor den wandernden Sandmassen. Die setzten sich vor 500 Jahren mit Hilfe des Windes, der hier meist aus Nordwest weht, in Bewegung, nachdem man dummerweise die Eichen- und Buchenwälder abgeholzt hatte. Diese gaben zuvor der schmalen Landzunge zwischen Meer, Gardno- und Lebasee wichtigen Halt. Das neue Łeba entstand daraufhin in geziemendem Abstand zu den Naturgewalten.

Das neue Gotteshaus, die **Maria-Himmelfahrt-Kirche,** wurde 1683 gebaut. Dort hängt neben dem Altar ein Gemälde von Max Pechstein, der hier mehrere Jahre lebte: Die Jungfrau Maria hält schützend ihre Arme über Fischkutter in der aufgewühlten Ostsee.

Die moderne **Marina** ***(Port Jachtowy)*** liegt reizvoll im Grünen und ist über die ul. Jachtowa erreichbar. Hier kann man die Seele baumeln lassen, es gibt ein kleines Hafenhotel und eine nette Taverne.

Die berühmten weißen **Wanderdünen** im Herzen des Nationalparks erreicht man am einfachsten vom Parkplatz von Rąbka aus (ca. 2 Kilometer vom Zentrum): entweder zu Fuß, mit dem Fahrrad, mit einem Elektrobähnchen oder mit der Pferdekutsche (▸ Tour 3, Seite 112).

Praktische Tipps

Hinkommen

Mit dem Zug von Lębork, im Sommer tgl. etwa alle 3 Std., Fahrzeit 45 Min.

Gut zu wissen

Touristeninformation Leba
An der einzigen Stadtzufahrt südlich des Zentrums.
Ul. Kościuszki 121 | Tel. 504 24 76 15 | www.leba.eu

Gut gebettet

Zamek Nowęcin (Schlosshotel)
In Nowęcin: Das Schloss stammt aus dem 15. Jahrhundert und war im Besitz der damals in der Region allmächtigen Familie Wejher. Es liegt im Grünen direkt am Sarbsko-See. Funktionale, einfache Zimmer. Restaurant. Großes Gestüt mit Reitmöglichkeiten nebenan.
Ul. Jeziorna 2 | Nowęcin | Tel. (500) 23 19 62 | www.zameknowecin.pl | €€

Rezydencja nad Jeziorem Łebsko
Direkt am Leba-See: Modernes Komforthotel 4 Kilometer südwestlich des Zentrums. Verleih von Rädern und Booten.
Żarnowska, Ul. Jeziorna 21a | Tel. (59) 866 28 29 | www.rezydencja-porta-baltic.pl

Camping Przymorze Nr. 48
Ruhiger Wiesenplatz am Küstenwald, rund 150 Meter zum Strand. Caravanplätze, Blockhaushütten.
Ul. Nadmorska 9 | Tel. 518 91 19 76 | geöffnet 15. Mai–15. Sep.

Fischkutterhafen am Leba-Fluss

Von Suppe bis Torte

via Tipp Ewa Zaprasza
„Ewa lädt ein": In dem kleinen Ausflugslokal im Hinterland servieren inzwischen bereits Ewas Kinder überraschende Gaumenfreuden: Feinste Fisch- und Fleischgerichte, etwa Forelle blau, Reh- und Wildschweinbraten, Steinpilz- und Fischsuppe. Fleisch und Fisch stammen ausnahmslos aus regionaler Produktion. Alles ist glutenfrei, es gibt vegetarische Gerichte, vegane Optionen und Kinderteller. Die Portionen sind üppig, der Service zuvorkommend. Lauschige Gartenterrasse unter Obstbäumen und am Bach. Gemütliche Wohnzimmeratmosphäre mit Kamin.
Ul. Morska 49 | Sasino | Tel. (58) 676 33 39 | Sommer tgl. 12–22, sonst bis 20 Uhr | www.ewazaprasza.com.pl

Chata Rybacka (Fischerhütte)
Direkt am Kanalufer und eins der besseren Restaurants in Łeba. Vor allem Fischgerichte: Dorsch, Forelle, Steinbutt. Auch polnische Klassiker: Piroggen, Bigos. Freundlicher Service.
Ul. Abrahama 8 | Tel. 690 01 02 50

Aktiv & sportlich

Schiffsausflüge
Rundfahrten aufs Meer, Anlegestelle in Łeba an der ul. Abrahama (nur Sommersaison).

Leba-Park Dinozaurów
Vernüglicher Freizeitpark mit gelungener Dinowelt, Spielplatz, Trampoline, Minigolf, Riesenrad, kleiner Zoo. Auch für Kleinkinder geeignet.
Ul. Kolonijna | www.lebapark.pl

Fokarium Sea Park
Großer Freizeit- und Bildungspark: Kegelrobben, Ozeanarium, Marinemuseum, Gastronomie.
Ul. Foki 1 | Sarbsk | Tel. (502) 20 62 70 | www.seapark.pl | Juli/Aug. tgl. 9–19, sonst bis 16 Uhr

Tour 3: Wanderung zur Lontzkedüne

Sand bis zum Horizont: Die Tour führt durch die grandiose Dünenlandschaft des Slowinzischen Nationalparks, auch Pommerns Sahara genannt, stets mit Meerblick. Badesachen sollte man nicht vergessen.

Charakteristik: Sandwanderung, anstrengender Aufstieg zur Lontzke-Düne

Start & Ziel: Łeba

Strecke: Łeba – Parking Rąbka – Wanderdünen – Strand – Łeba

Entfernung: rund 15 km

Dauer: 4–5 Stunden reine Gehzeit

Verpflegung: Unbedingt ausreichend Wasser mitnehmen!

Die kilometerweite Dünenlandschaft im Herzen des Slowinzischen Nationalparks erreicht man am einfachsten vom **Parkplatz Rąbka** aus, etwa zwei Kilometer westlich von Łeba.

Dorthin fahren im Sommer unregelmäßig Kleinbusse vom Bahnhof in Łeba, ansonsten geht man die Strecke am besten zu Fuß. Vom Parkplatz aus folgt man einem rot markierten Waldweg nach Westen. Nach gut fünf Kilometern durch dichten Nadel- und Mischwald steht man plötzlich vor der majestätischen, 42 Meter hohen **Lontzkedüne *(Wydma Łącka)*.** Der bucklige Sandriese ist steil und man kommt schon nach wenigen Aufstiegsmetern ins Schwitzen. Der Sand rieselt einem in die Schuhe und alle Spuren, die man hinterlässt, werden vom Wind sofort wieder zugeweht. Schnell lernt man: Barfuß geht's am besten. Nun knirscht der flirrend weiße Sand unter den Füßen und man sinkt knöcheltief ein. Aber der fantastische Panoramablick von

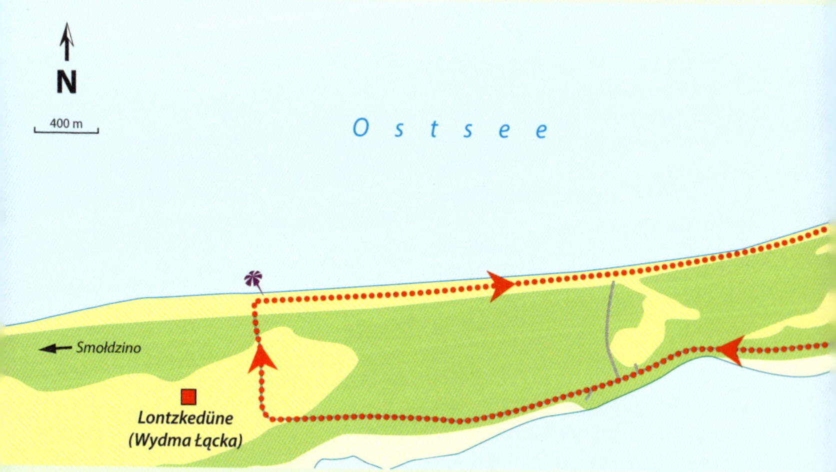

oben entschädigt für die körperliche Anstrengung.

Eine eigentümliche Welt tut sich vor einem auf: Ein Dünenberg nach dem anderen, eine faszinierende Wüstenlandschaft zwischen der im Sonnenschein blau und grün schimmernden Ostsee, zerzausten Kiefern und dem dahinter liegenden **Leba-See.** Etliche Bäume stecken bereits bis zu den kahlen Ästen im Sand, Monate später werden sie gänzlich verschüttet sein. Als toten Gespensterwald gibt sie der weiterziehende Dünensand Jahrzehnte, manchmal erst Jahrhunderte später wieder frei.

Der angeschwemmte Sand begann zu wandern, als man vor etwa 500 Jahren unvernünftigerweise die Eichen- und Buchenwälder rigoros abholzte, die der schmalen Landzunge Halt gaben. Die Sandmassen bewegen sich seitdem gemäß der vorherrschenden Windrichtung in östlicher Richtung landeinwärts. Zurzeit wandert ein Teil der Dünen in den Leba-See, bis zu zehn Meter jährlich.

Weit unten rollen die Ostseewellen ans seichte Ufer, doch die Brandung ist kaum zu hören, unaufhörlich pfeift der Wind über die Dünenkämme hinweg. Sand klebt und beißt auf der verschwitzten Haut. Man sehnt sich nach einem erfrischenden Bad. Der Abstieg zum Meer hinunter erscheint endlos wie ein Wüstenmarsch. Fast mag einem das nahende Meer wie eine Fata Morgana vorkommen, wenn mit dem Zug der Wolken ständig und verwirrend die Farben wechseln. Bald verdunkeln sich die Dünen und das Wasser ergraut, bald glitzert und funkelt es wieder in hellen bis grellen Farbtönen. Schließlich klatschen doch richtige Wellen erlösend an Beine und Bauch.

Kurz zuvor gabelt sich der Weg: Links geht es zur möglichen Erweiterung der Tour nach **Smołdzino** (9 Kilometer), rechts mit grüner Markierung etwa sechs Kilometer am Strand entlang bis zum Weststrand von Łeba (Plaża B). Die lange ul. Turystyczna führt zurück ins Zentrum.

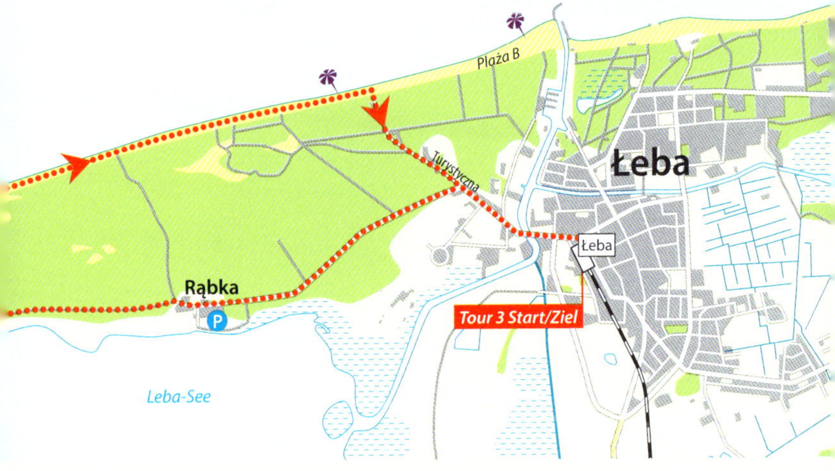

Tour 4: Fahrradtour zum Leuchtturm von Stilo

Die Fahrrad-Rundtour führt durch die flache nordkaschubische Landschaft. Neben der Natur sind die Hauptattraktionen der Leuchtturm von Stilo, die Seehunde vom Sea Park in Sarbsk – sowie ein Gasthaus.

Charakteristik: Asphalt, sandige Waldwege, mittelschwer

Start & Ziel: Łeba

Strecke: Łeba – Nowęcin – Sarbsk – Ulinia – Sasino – Leuchtturm Stilo – Łeba

Entfernung: ca. 23 km hin, 11 km zurück (oder umgekehrt)

Dauer: ca. 3 Stunden reine Fahrzeit

Einkehrtipp: Gasthaus *Ewa Zaprasza* (▸ Seite 111)

Vom **Bahnhof in Łeba** folgt man der Straße Plac Dworcowy nach rechts und weiter Richtung Süden, bis nach links die ul. Nowęcinska abgeht. Ein Radweg neben der Straße führt zur zwei Kilometer entfernten und ausgeschilderten Ortschaft **Nowęcin (Neuhof)** am westlichen Ufer des **Sarbsko-Sees.** Hier befinden sich ein Schlosshotel und ein großes Pferdegestüt (▸ Seite 110). Am Ende der weitläufigen Weidefläche geht ein rot/blau markierter Fahrradweg links nach Sarbsk ab (6 km). Man fährt zunächst auf Asphalt, dann auf einem Waldweg. Die große Sehenswürdigkeit von **Sarbsk (Sarbske)** ist der bei Familien mit Kindern beliebte **Sea Park** (▸ Seite 111).

Ab hier ist die Strecke mit einem roten Querbalken markiert. Die durchweg geteerte oder gepflasterte Landstraße ist verkehrsarm und führt durch herrliches Bauernland mit weiten Feldern und kleineren Wäldern. Nur bei **Ulinia** gibt es eine nennenswerte Steigung, ansonsten ist die Strecke durchweg flach.

Sasino (Sassin) ist eine alte Ortschaft mit einigen Höfen aus dem 19. Jahrhundert. Auf einer drei Kilometer langen Stichstraße kommt man von hier zum Küstenort **Osetnik (Stilo).** Der kleine Weiler empfängt den Besucher mit einem großen Parkplatz und mehreren Fischbuden. Dann geht's auf einem Sand- und Küstenwaldpfad nur noch zu Fuß weiter. Nach etwa einem Kilometer erreicht man den 16-eckigen **Leuchtturm,** der auf einer 45 Meter hohen

Düne thront. Er zählt zu den schönsten an der polnischen Ostseeküste und wurde 1906 erbaut – der letzte in der Kette der Ostseeleuchttürme in dieser Region.

Der Pfad dorthin führt durch eine hügelige Dünenlandschaft mit Kiefernwald und vielen sandigen Aufs und Abs. Der fast 34 Meter hohe Turm kann über 122 Stufen erklommen werden (Juli/Aug. tgl. 10–19, Mai/Juni/Sep. 10–13 und 14–17 Uhr), die Wendeltreppe ist recht steil. Von der Aussichtsplattform schweift der Panoramablick zum nahen Meer, zum Strandsee Sarbsko und bis zum Seebad Łeba. Das Amt des Leuchtturmwärters wird hier seit mehreren Generationen von der gleichen Familie ausgeübt, zurzeit führt erstmals eine Leuchtturmwärterin das Kommando über den rot-weiß-schwarz gestrichenen Turm. Wer weiter bis zum **Strand** möchte, muss noch weitere sandige 800 Meter zurücklegen.

Im Dorf **Sasino** überraschen das von außen unscheinbare Gasthaus *Ewa Zaprasza* (▶ Seite 111) mit einer exzellenten, frisch-regionalen Küche, die man in diesem gottverlassenen Flecken kaum erwarten würde – sowie der restaurierte klassizistische **Palast** aus dem Jahre 1864 mit einem 200-jährigen Park. Er ist inzwischen als Hotel wieder eröffnet worden.

Der Rückweg nach Łeba ist nur elf Kilometer lang. Die Etappe der Ostseeküsten-Radroute EuroVelo 10 (R 10) führt auf der schmalen Nehrung am seichten Sarbsko-See entlang und durch das Naturschutzgebiet **Sarbsko-Nehrung** ***(Mierzeja Sarbska)*** – ein schönes küstennahes Gelände mit Dünen, seltenen Pflanzenarten, Krähenbeerenheiden und einem Erlenhochwald. Achtung: Diese kurze, naturbelassene Route hat ein paar sandige Abschnitte, auch Wurzeln auf den Waldwegen sowie einige Engstellen.

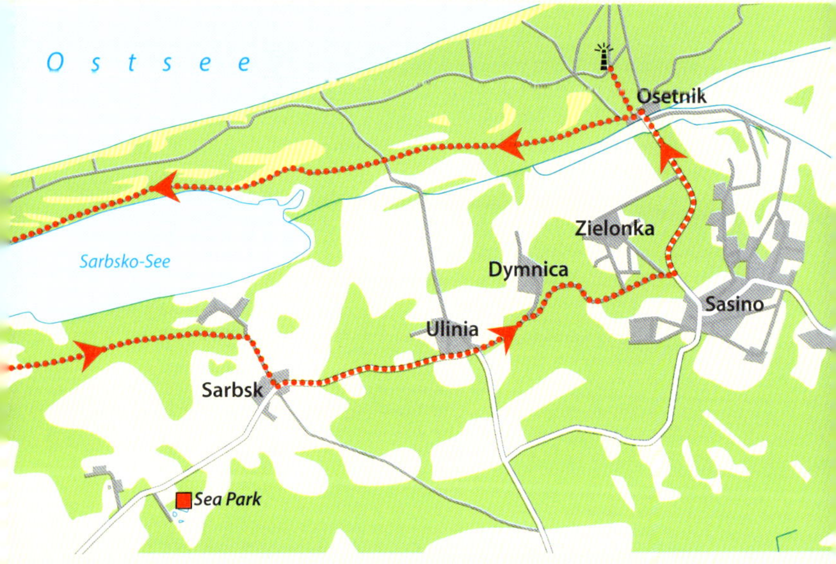

Die Kultur der Slowinzen
Tradition und Folklore

Die Slowinzen, *Słowińcy,* waren ein slawischer Volksstamm, der über Jahrhunderte im Gebiet des heutigen Slowinzischen Nationalparks lebte. Sie waren in erster Linie Fischer.

Da sie ethnisch mit den Kaschuben verwandt sind, werden die Slowinzen in Chroniken oft als Lebakaschuben bezeichnet. Im Gegensatz zu ihren slawischen Nachbarn nahmen sie jedoch den protestantischen Glauben an. Wohl aufgrund der Abgeschiedenheit der Dörfer hielt sich die slowinzische Kultur bis weit ins 19. Jahrhundert. Dann verboten preußische Dekrete zunächst die Predigten in slowinzischer Sprache, später auch die Ausübung der religiösen Zeremonien und traditionellen Bräuche. Schließlich geriet die slowinzische Kultur und Sprache durch Assimilierung allmählich in Vergessenheit. Die Menschen verwendeten nun vorwiegend das Deutsche.

Der Versuch, die protestantischen Slowinzen nach dem Zweiten Weltkrieg zu polonisieren, scheiterte. Als „deutsche Slowinzen" gebrandmarkt, verließen sie ab Ende der 1950er-Jahre und bis 1976 ihre Heimat und wanderten in die Bundesrepublik Deutschland aus. Zurück blieben ihre alten reetgedeckten Fachwerkhäuser und ein Großteil ihrer Alltagsgegenstände.

Der letzte slowinzische Ort

In dem kleinen Fischerdorf Kluki (Klucken) am Łebsko-See, konnte sich die slowinzische Kultur am längsten halten. Bei der abgeschiedenen Lage kein Wunder. Nur rund fünf Kilometer liegt das Dorf von der Küste entfernt – doch dorthin zog es niemand: Auf der einen Seite der See, auf allen anderen Sumpf und Moor mit Myriaden von Stechmücken. Wollten die Kluckener ihre Hechte und Zander verhökern, mussten die Frauen aus Kluki über schwankenden Boden durchs Moor auf die Wochenmärkte umliegender Ortschaften ziehen, wo die Leute auch kaum Geld hatten. Einen gepflasterten Weg gab es bis ins 20. Jahrhundert nicht. Die Armut der Kluckener war sprichwörtlich. Der Name des Dorfes stammt wahrscheinlich von einer Familie namens Klück, die hier einst siedelte. Auf dem sehenswerten, historischen **Friedhof** am Ortseingang findet man diesen oder ähnliche Namen recht häufig – Klick, Kluck, Kirk, Czirr.

Das slowinzische Freilichtmuseum

Im Jahre 1963 begann man im Dorf drei alte, von ihren Bewohnern verlassene Fischerhäuser aus dem 18. und 19. Jahrhundert museal zu nutzen. Im Laufe der Jahre bekamen sie rekonstruierte Nachbarhäuser, sodass allmählich die frühere Dorfanlage als slowinzisches Freilichtmuseum *(Muzeum Wsi*

Schilfgedeckte Fachwerkhäuser im slowinzischen Freilichtmuseum von Kluki

Słowińskiej w Klukach) wiedererstand. Heute umfasst sie 20 Objekte, darunter Stallungen, Scheunen und sieben Fischerkaten. In diesen schilfgedeckten Fachwerkhäusern wohnten gewöhnlich zwei Familien. Ausgestellt sind Boote, Fischergerät, Fischkörbe, Haushaltsgegenstände aller Art, die berühmten Pferdeschuhe *(klumpy)*, typisches Mobiliar, auch zwei Backöfen sind zu sehen. Das Kluckener Roggenbrot soll früher so miserabel gewesen sein, dass außerhalb des Ortes niemand imstande war, es zu schlucken und zu verdauen.

Regelmäßig finden hier lebendige Folkloreveranstaltungen statt, etwa Anfang Mai die **„Schwarze Hochzeit"**. Gemeint ist keine missglückte Vermählung, sondern die schwierige Arbeit im Torf. Dann wird Torf mit altertümlichen Spaten gestochen, Pferde laufen mit schicken Hufschuhen über die Höfe, Frauen in slowinzischer Tracht sitzen am Spinnrad, und natürlich wird auch die traditionelle Brotbackkunst des Ortes vorgeführt.

www.muzeumkluki.pl |
Mai–Aug. Mo 11–15, Di–So 10–18, sonst 9–16 Uhr, im Winter Mo geschlossen

Hinkommen

PKS-Busverbindung mit Smołdzino etwa zehn Mal am Tag, die Haltestelle befindet sich am dortigen Naturkundemuseum.
Außerdem liegt das Freilichtmuseum direkt am Ostseeküstenradweg R 10.

Smołdzino (Schmolsin)

Im tischplatten Umland der Küstenregion erscheint der 115 Meter hohe Hügel Rowokół neben dem Ort Smołdzino fast schon wie ein richtiger Berg. Die hier in der Vorkriegszeit ansässigen, fantasiebegabten Maler tauften die Kuppe damals in expressionistischer Manier „Pommerns Fudschijama".

Die kleine hinterpommersche Ortschaft mit ihren etwa 900 Einwohnern liegt an der Łupawa und am Rande des **Slowinzischen Nationalparks,** genau zwischen den beiden Küstenseen Gardno und Łebsko und direkt am Fuße des heiligen Berges **Rowokół (Revekol).** In fernen Zeiten war auf der bewaldeten Anhöhe eine heidnische Kultstätte der Slowinzen. Im Mittelalter wallfahrten katholische Christen hierher und errichteten dem heiligen Nikolaus eine Kapelle. Protestantische Christen zerstörten sie, als die Reformation durch das Land zog und benutzten die Steine für ihren Kirchenbau im Dorf.

Der ziemlich steile Pfad zum rundum mit Kiefern bewachsenen Berg beginnt wenige Schritte von der Kirche entfernt direkt an der Straße nach Gardna Wielka. Gut 30 Minuten braucht man für den Aufstieg. Vom Aussichtsturm blickt man bei gutem Wetter bis zu den Wanderdünen.

Eine Art Künstlerdorf ist das frühere Schmolsin auch heute wieder. Zentraler Treffpunkt etlicher Maler und Bildhauer, aber auch vieler Urlauber, ist die Pension der Familie Bernacki. Es gibt hier außerdem ein Naturkundemuseum, das über Flora und Fauna des Nationalparks informiert.

Naturkundemuseum
(Muzeum Przyrodnicze)
Die Ausstellung umfasst fünf Bereiche: Strand, Wald, Archäologie, Dünen und Seen.
Ul. Mostnika |
im Sommer tgl. 9–17, sonst bis 15 Uhr

Gościniec u Bernackich
Die freundliche Pension mitten im Dorf ist allein schon einen Besuch von Smołdzino wert. Das Gästehaus in der ehemaligen Volksschule bietet rund 100 Plätze in Doppel- und Dreibettzimmern. Es gibt wenige Schritte entfernt noch eine Dependance mit einem großen Garten an der Łupawa. Einfache Zimmer mit Bad und ohne TV, die Gäste sollen sich hier von „den Auswüchsen der Zivilisation erholen". Im Garten stehen kolossale holzgeschnitzte Figuren. Tolles Frühstück, das Restaurant bietet beste slowinzische Küche: Fisch, Wild, Piroggen, Eisbein *(golonka),* auch Vegetarisches. Nahezu jeder Quadratmeter an den Wänden ist mit Gemälden und Zeichnungen geschmückt von Künstlern, die sich bei der kunstsinnigen Familie zu Pleinairs treffen. Von der Sommerterrasse blickt man auf ein Storchennest und auf den heiligen Berg. Sehr moderate Preise.
Ul. Bohaterów Warszawy 26 |
Tel. 505 11 31 31 | www.ubernackich.pl |
€–€€

Surfcamp-Gardno
Sehr schön gelegene Anlage mit Campingplatz am Gardno-See: Kajak, Wind-, SUP- und Kitesurfing.
Westlich von Smołdzino bei Gardna Wielka |
www.surfcamp-gardno.pl

Hinkommen

Mehrmals tgl. Busse aus Słupsk (Stolp)

Am feinkörnigen Sandstrand von Rowy

Rowy (Rowe)

Ausgesprochen reizvoll ist die Lage dieses kleinen Seebades: Vorne die Ostsee, hinten der Gardno-See, am östlichen Rand der Slowinzische Nationalpark und ziemlich in der Mitte die Mündung der Łupawa (Lupow).

Rowy besitzt einen wunderbar weiten, teilweise außerordentlich breiten und sehr feinkörnigen Sandstrand. Von Kiefernwald gesäumt und durch die Mündung der Łupawa geteilt, macht er die Ortschaft mit ihrem Mini-Naturhafen zu einem typischen Sommer-Badeort. Besucht man ihn im Hochsommer, sind die Straßen, die Strandutensilien-Läden, die Disco-Pubs, Cafés, die Fast-Food-Buden und Fischrestaurants von Touristen überschwemmt – bis zu 15 000 Gäste tummeln sich in den beiden Hochsommermonaten in dem kleinen Ort. Außerhalb der Saison ist Rowy dann kaum wiederzuerkennen. Das hektische Urlauberzentrum verwandelt sich in ein ruhiges, verschlafenes Nest, in dem noch nicht einmal 300 Einwohner leben. Nahezu menschenleer sind jetzt die Wege durch den Kiefernwald, die Dünen und am Strand entlang. Den nahen Nationalpark mit seinen kilometerlangen Wanderwegen erreicht man schon nach rund 300 Metern, Ausgangspunkt ist die Flussbrücke. Der gut 20 Kilometer lange „Radweg der aufgerollten Gleise" nach Ustka führt hier durch Wald und Wiesen (▸ Tour 5, Seite 126).

Die ehemalige Idylle des alten Fischerortes mit seiner 1843 erbauten Feldsteinkirche im Zentrum ist dabei schon längst perdu. Große, gesichtslose Apartmentanlagen, auch einige nette Pensionen und moderne Hotels haben die einstigen reetgedeckten Fischerhäuschen verdrängt. Das komfortable Wellnesshotel Kormoran am Stadtrand wird zu den besten

Hotels an der polnischen Ostseeküste gezählt. Geblieben ist die herrliche Landschaft der näheren Umgebung, die in den Jahren nach 1900 expressionistische Maler der „Brücke“ anlockte. Die berühmtesten Dauergäste Rowes waren damals die Maler Max Pechstein (1881–1955) und Karl Schmidt-Rottluff (1884–1976).

Tourist-Info Rowy
An der Hauptstraße, gut sortiert.
Ul. Nadmorska | Tel. (59) 814 18 18 | www.rowy.pl | nur Sommer tgl. 9–19.30 Uhr

Willa pod Dębami
Schöne kleine Pension im Landhausstil, 100 Meter zum Strand. Netter Garten, Parkplatz.
Ul. Wydmowa 1 | Tel. (502) 57 07 61 | www.willapoddebami.pl

Camping Nr. 156
Vom Polnischen Camperverband empfohlene Anlage, 10 Gehminuten zum Meer und nahe des Gardno-Sees. Gepflegt, zweistöckige Steildach-Bungalows, behindertengerechte sanitäre Anlagen, Café, Lebensmittelgeschäft.
Ul. Bałtycka 6 | Tel. (59) 814 19 40 | www.camping156.pl | Juni–Sep.

Marteczka Zaprasza
Sehr nettes Restaurant im Fachwerkstil mit großer überdachter Sommerterrasse. Großes Angebot an frisch zubereiteten Fischgerichten. Es wird nach Gewicht abgerechnet. Osteuropäische Küche, Kinderteller.
Ul. Polna 2 (nahe Kirche Peter und Paul) | Tel. 668 70 20 87

Hinkommen

Regelmäßige Busverbindungen nach Ustka und Słupsk (Stolp).

Ustka (Stolpmünde)

Zu Preußen gehörig, avancierte Stolpmünde ab 1813 zum wichtigsten Handelshafen zwischen Danzig und Kolberg. Das polnische Ustka ist heute hingegen das größte Seebad zwischen Darłowo (Rügenwalde) und Sopot und gilt als eines der schönsten.

Die erste urkundliche Erwähnung des Ortes an der Mündung des Flusses Słupia (Stolpe) stammt aus dem Jahre 1337, als der kleine Fischerhafen von Kaufleuten aus Stolp aufgekauft wurde. Die Geschichte als Seebad reicht bis ins frühe 19. Jahrhundert zurück. Den offiziellen Status einer Kurstadt trägt die 16 000 Einwohner zählende Hafenstadt seit 1988. Gerne wirbt der beliebte Badeort mit einem Slogan aus Kindermunde: *Mama, tata, Ustka i ja* (Mama, Papa, Ustka und ich). Ein großer Teil der sommerlichen Feriengäste sind denn auch junge Familien, die die Tage an den weitläufigen **Sandstränden** mit ihren seichten Ufern verbringen, an den Trampolinen, Hüpfburgen, Wasserrutschen oder buddelnd im weißen, puderweichen Sand. Am Abend trifft man sich auf der schönen, langen **Strandpromenade** mit Eisdielen, Caféterrassen, Pubs und kleinen Fischrestaurants wieder. Brechend voll ist sommers stets auch die neugotische **Heilandskirche** (1) zur Sonntagsmesse. Dann drängeln sich die Einheimischen und die gläubigen Urlauber bis an die Pforte des 1887 erbauten Gotteshauses.

Wo schon Bismarck badete

Obwohl die ersten Kurgäste bereits um 1830 nach Stolpmünde kamen, entwickelte sich der Ort erst Ende des

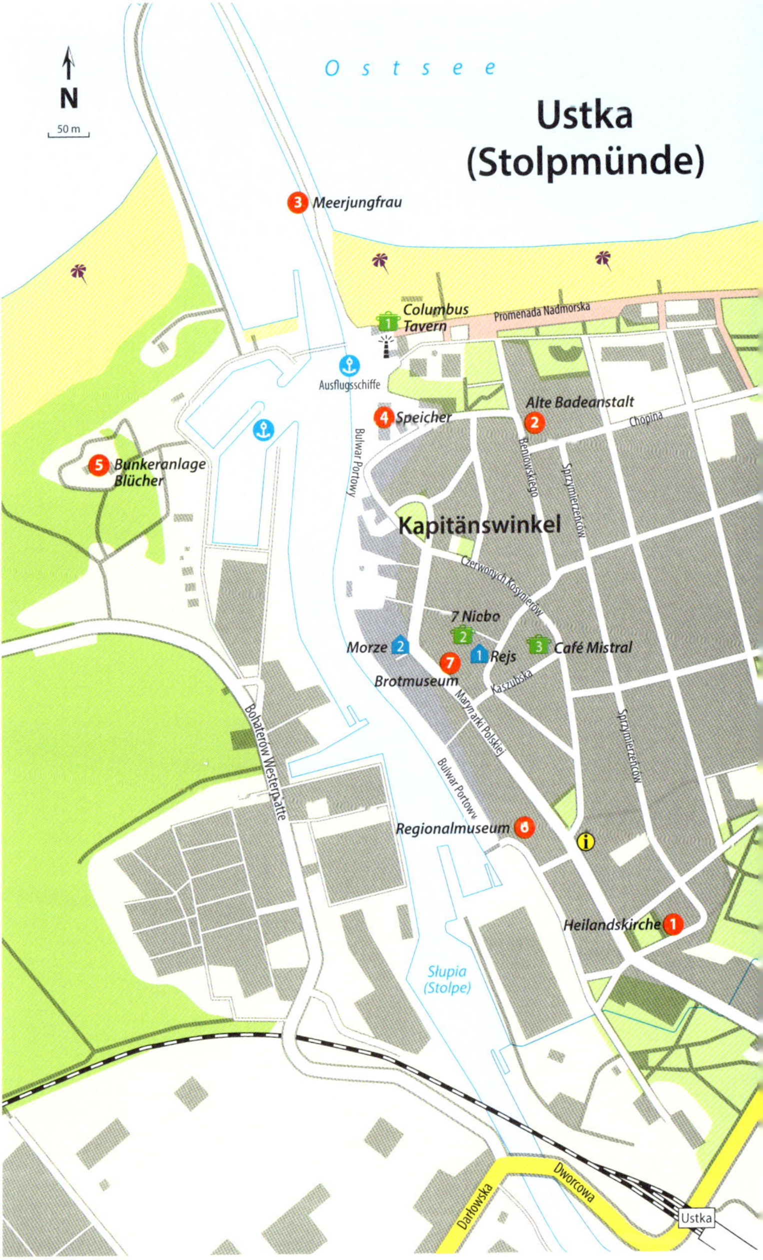
Ustka
(Stolpmünde)
Ostsee
N
50 m
3 Meerjungfrau
1 Columbus Tavern
Promenada Nadmorska
Ausflugsschiffe
4 Speicher
2 Alte Badeanstalt
Chopina
5 Bunkeranlage Blücher
Bulwar Portowy
Beniowskiego
Sprzymierzeńców
Kapitänswinkel
Czerwonych Kosynierów
7 Niebo
2
Morze 2
1 Rejs
3 Café Mistral
7 Brotmuseum
Kaszubska
Marynarki Polskiej
Bohaterów Westerplatte
Bulwar Portowy
Regionalmuseum 6
Heilandskirche 1
Słupia (Stolpe)
Darłowska
Dworcowa
Ustka

19. Jahrhunderts zum viel besuchten Modebad. Auf die typische **Bäderarchitektur** dieser Zeit um 1900 trifft man noch in einigen meeresnahen Sträßchen. Die renovierten Häuser mit hübschen Holzveranden, Türmchen und Erkern werden teilweise wieder wie anno dazumal als Pensionen oder kleine Hotels genutzt. Ebenfalls aus wilhelminischer Zeit (1886) stammt die stattliche rote Sommerresidenz nahe der Promenade, in der Otto von Bismarck seine Kuraufenthalte verbrachte. Heute kann man in dem denkmalgeschützten Gebäude als Hotelgast der **Villa Red** logieren.

Erhalten ist auch der älteste Teil der **Badeanstalt** 2 von 1911 in der ul. Beniowskiego. Hier werden heilende Moorbäder verabreicht. Zu Heilzwecken dient das hiesige Mineralwasser. Doch holen Sie tief Luft! Ausgesprochen gesund ist das gemäßigte bis starke Reizklima von Ustka.

Maritimes Flair

Die geschäftige Hauptstraße **Marynarki Polskiej** führt durch den ganzen Badeort bis zum schön herausgeputzten **Hafenkai** am Słupia-Ufer mit neuen Backsteinhäusern im Retrostil und Fischrestaurants und weiter bis zum Oststrand sowie der östlichen **Mole.** Die erstreckt sich weit ins Meer hinaus und als beliebtes Fotomotiv sitzt hier eine halbnackte **Meerjungfrau** 3 aus Bronze, ihren Blick lächelnd auf die See gerichtet. In der linken Hand hält sie einen fetten Lachs. Die fesche Wappennixe symbolisiert Hafen, Fischerei und Seebad.

Am nahen Hafen steht der fast 22 Meter hohe achteckige **Leuchtturm** aus dem Jahre 1892, einer der schönsten an der ganzen polnischen Ostseeküste, der Im Sommer von 10 Uhr bis Sonnenuntergang eine tolle Aussicht über die weite Bucht mit ihrer

Einer von vielen Fischkuttern am Hafenkai

Weit erstreckt sich die Ostmole ins Meer

Kliffküste bietet. Mehrere alte **Backsteinspeicher** ④ – ebenfalls vom Ende des 19. Jahrhunderts – säumen den Hafenplatz. Hier wurde einst Getreide, aber vor allem Spirituosen aus den hinterpommerschen Brennereien umgeschlagen, während heute zur Freude der Kinder große **Piratenschiffe** in See stechen.

Eine moderne drehbare **Fußgängerbrücke** aus Stahl führt hier seit 2013 über den Fluss ans bisher touristisch noch etwas verwaiste westliche Ufer zum sehr breiten Weststrand und dem **Jacht- und Fischereihafen.** Dort befinden sich in den Dünenhügeln auch die **Bunkeranlagen Blücher** ⑤, eine 1942 von der deutschen Wehrmacht errichtete und gut getarnte Flakstellung. Das Gelände, mit EU-Fördergeldern restauriert, ist ganzjährig zu besichtigen (▸ Seite 125).

Typische Architektur

Auf der langen Marynarki Polskiej liegen noch einige weitere Sehenswürdigkeiten. Etwa das **Regionalmuseum** ⑥ und das **Brotmuseum** ⑦ (beide ▸ Seite 125) sowie unübersehbar – in den Seitengassen Czerwonych Kosynierów und Sprzymierzeńców – etliche hübsch restaurierte **Fischerkaten** im Fachwerkstil. Sie stammen aus dem 19. Jahrhundert und sind mit ihren tief liegenden Fenstern und steilen Dächern typisch für die alte Fischerhaus-Architektur an der hinterpommerschen Küste. In diesem **Kapitänswinkel** wohnten Kapitäne und Seeleute, die sich zur Ruhe gesetzt hatten. Heute beherbergen die sehenswerten Häuser oft Restaurants und Ferienwohnungen.

Herausgeputzte Bäderarchitektur

Praktische Tipps

Hinkommen

Mit dem Zug ab Słupsk, stündlich, Fahrzeit ca. 20 Minuten.

Gut zu wissen

Touristeninformation
An der Hauptgeschäftsstraße.
Ul. Marynarki Polskiej 87 | Tel. (59) 814 71 70 | www.lot.ustka.pl

Gut gebettet

Hotel Rejs 1
Das gepflegte Fachwerkgebäude liegt ein wenig versteckt in Hafennähe, 24 komfortable Zimmer mit Dielenfußboden und stilvollen Möbeln. Zehn Minuten zum Strand. Erstklassiges Frühstücksbuffet unten im Restaurant „7 Niebo".
Ul. Marynarki Polskiej 51 | Tel. (59) 814 78 50 | www.hotelrejs.com | €€

Hotel Morze 2
Modernes, im Retrostil erbautes Mittelklassehotel, schöne Lage am Hafenkai, Strandnähe. Geräumige Zimmer mit Kühlschrank. Sauna, Whirlpool, Bar, Parkplatz. Restaurant „Wenecja" mit guter Regionalküche.
Ul. Marynarki Polskiej 22 | Tel. (59) 815 52 00 | www.morze-ustka.pl | €€

Von Suppe bis Torte

Columbus Tavern 1
Top Lage am Strand direkt beim Leuchtturm, große Terrasse mit Meerblick. Rustikal-gemütlich eingerichtet. Die Küche bietet regionale Gerichte, lokale Produkte: Fisch, Wild, Pilze. Vegetarische Gerichte.
Ul. Limanowskiego 1 | Tel. 510 60 64 04 | tgl. 11–23 Uhr

Restaurant 7 Niebo 2
Das elegante Lokal macht seinem Namen alle Ehre, man darf sich kulinarisch wie im „7. Himmel" fühlen. Kreative Gourmetgerichte auf der Basis der traditionellen polnischen Küche, auch Vegetarisches. Etwas teurer.
Ul. Marynarki Polskiej 51 | Tel. (59) 814 78 50

Café Mistral 3
Ideal für eine Pause – ruhige Lage, kleine Terrasse, köstlicher Kaffee, Kuchen und Desserts. Regionale Spezialität: *Krówki Usteckie,* die überaus beliebten, handgefertigten „Kuhbonbons" aus Ustka zum selber Lutschen oder als Mitbringsel (▸ Seite 168).
Ul. Kaszubska 9 | Tel. 501 52 75 78 | www.cafemistral.ustka.pl | tgl. 10–20 Uhr

Museen

Regionalmuseum
(Muzeum Ziemi Ustecķiej)
Modelle von Schiffen, dokumentarische Fotos zur Stadtgeschichte.
Ul. Marynarki Polskiej 62a | www.muzeumustka.pl

Brotmuseum *(Muzeum Chleba)*
Historische Teigknetmaschinen und anderes Bäckergerät. (Gehört zur Konditorei Brzóska: leckere Kuchen!)
Ul. Marynarki Polskiej 49 | www.muzeum-chleba.pl | Mi–Fr ab 13 Uhr, Sa ab 10.30 Uhr

Blücher Bunker *(Bunkry Bluchera)*
Audio-Video-Installationen, Dioramen, auch Radverleih.
Ul. Westerplatte 40 | www.bunkryustka.pl | tgl. 10–16, im Sommer 9–21 Uhr

Kaufen & stöbern

Heringshof *(Zagroda Słedziowa)*
Der 2015 eröffnete Heringshof in einem denkmalgeschützten Vierseithof von 1832 mit Heringsmuseum wird von Fischern betrieben. Verkauf, Museum, Gaststätte, Apartments.
Starkowo 13 | www.zagroda-sledziowa.pl

Ausflüge

via Tipp **Strand von Orzechowo**
Naturbelassener Sandstrand an der Steilküste mit schönem Buchenwald. Ein Wanderpfad führt auf Holzstegen durch die Dünenlandschaft.
Über den Küstenradweg von Ustka ca. 4 km (▸ Tour 5, Seite 127)

Schiffsausflüge
Im Sommer fahren mehrmals täglich Piratenschiffe aufs offene Meer.
Anleger in der Nähe des Leuchturms

Das karierte Land

Kraina w kratkę nennt man die Gegend im küstennahen Hinterland zwischen Ustka und Darłowo (Rügenwalde). Denn hier liegen an den kleinen Nebenstraßen die schönsten pommerschen Dörfer mit frisch herausgeputzten Fachwerkhäusern und ihren typischen Karomustern. Besonders reizend und fast wie ein „kariertes" Freilichtmuseum präsentiert sich das Angerdorf **Swołowo:** Höfe, Scheunen, Ställe, Torhäuser, Kirche – gackernde Hühner, schnatternde Gänse inbegriffen. Es erhielt den Titel „Dorf der kulturellen Erbschaft".

Museum des „Karierten Landes"
in einem „karierten" Bauernhof von Swołowo. Leider keine Busverbindung, aber es gibt einen Radweg von Słupsk dorthin (ca. 12 Kilometer).
www.muzeum.swolowo.pl

Naturimkerei Wędrowna Barć
Im „karierten" Dorf Krzemienica bei Swołowo. Ausstellungsraum mit Imkereiutensilien und Informationen zur Honig-Herstellung.
Tel. 501 163 294/5 | www.pasieka-krzemienica.pl

Tour 5: Fahrradtour von Ustka nach Rowy

„Seebäderhopping" mit dem Radel: Durch Wald und Wiesen bis ins malerisch gelegene Rowy am Rande des Slowinzischen Nationalparks. Entlang der aufregenden Kliffküste geht's zurück.

Charakteristik: Einfach ohne Steigungen. Wald- und Asphaltwege

Start: Ustka

Ziel: Rowy

Strecke: Ustka – Zapadłe –Wytowno – Machowinko – Rowy
Alternative Rückfahrt: Wander-Radweg an der Küste

Entfernung: Hinfahrt ca. 21 km, Rückfahrt ca. 19 km

Dauer: knapp 4 Stunden reine Fahrzeit hin und zurück

Einkehrtipp: Fischrestaurant *Marteczka Zaprasza* in Rowy (▸ Seite 120)

Die Tour beginnt am östlichen Stadtrand von Ustka, in der ul. Armii Krajowej neben der modernen **Maria-Meeresstern-Kirche.** Man fährt hier zunächst durch die Siedlung **Przewłoka.** Die Route verläuft über einen Radwanderweg, der Mitte der 1990er-Jahre eröffnet wurde. Diese leichte Strecke ohne Steigungen, ohne Sandfelder und autofrei ist ein Streckenabschnitt des internationalen Radweges R 10 und wird *Szlak Zwiniętych Torów* genannt, was soviel bedeutet wie „zusammengerollte Gleise". Denn sie verläuft auf den Bahndämmen einer vor dem Zweiten Weltkrieg errichteten Bahnlinie, die 1945 von den Sowjets demontiert, also „zusammengerollt" und eingepackt wurde und als Kriegsbeute in Russland verschwand.

Die radelfreundliche Strecke führt abwechselnd auf Wald-, Forst- und Feldwegen entlang, alle sind bestens befahrbar. Unterwegs passiert man einige hübsche Rastplätze und die Dörfer **Wytowno (Weitenhagen)** und **Machowinko (Klein Machwin).** Im ehemaligen Bauerndorf Wytowno sind einige alte Bauernhäuser im Fachwerkstil, ein Torgebäude von 1771 sowie ein **Gutshaus** aus dem 17./18. Jahrhundert mit Parkanlage und Wassergraben erhalten. Besonders sehenswert ist die aus dem 14. Jahrhundert stammende **Fachwerkkirche St. Franziskus** mit vorwiegend barocker Ausstattung.

Rund ein Kilometer nach Machowinko liegt im Wald ein Rastplatz mit Bänken. Der Radweg endet in Rowy an der **Kirche Peter und Paul.**

Für den Rückweg nach Ustka bietet sich der rot markierte Küstenradweg als Alternative an. Er ist etwas schwieriger zu fahren, aber dafür landschaftlich reizvoller. Er schlängelt sich an der Kliffküste entlang, birgt dabei aber keine größeren Probleme oder Hindernisse.

In Rowy an der Kirche Peter und Paul nimmt man die Straße Nadmorska und fährt auf einem Asphaltweg vier Kilometer bis **Dębina.** Der kleine, ruhige Ferienort besitzt bis zu 20 Meter hohe Klippen und einen naturbelassenen Strand. Durch Buchenwald geht's weiter nach

Poddąbie und schließlich nach **Orzechowo (Freichow).** Das ehemalige Fischerdorf im herrlichen Buchenwald besitzt eine überaus eindrucksvolle **Steilküste, *Orzechowo Klif.*** Angeblich soll der Ort Otto von Bismarcks beliebtestes Ziel bei seinen Ausritten von Ustka aus gewesen sein. Die höchsten Klippen des Kliffs sind bis zu 25 Meter hoch und werden in den Herbst- und Winterstürmen von den Ostseefluten beständig unterspült, sodass jährlich fast zwei Meter des Buchenwaldes in die Tiefe gerissen werden. Eine bizarre Kulisse bilden daher die aus den Klippen herausragenden Wurzeln der abgestürzten Bäume.

Der Sandstrand wird von Einheimischen geschätzt. Es gibt zudem einen botanisch interessanten Wanderpfad, *Wydma Orzechowska,* der auf Holzstegen über die Dünenlandschaft führt. Nach etwa vier Kilometern erreicht man Ustka am östlichen Ende der Strandpromenade.

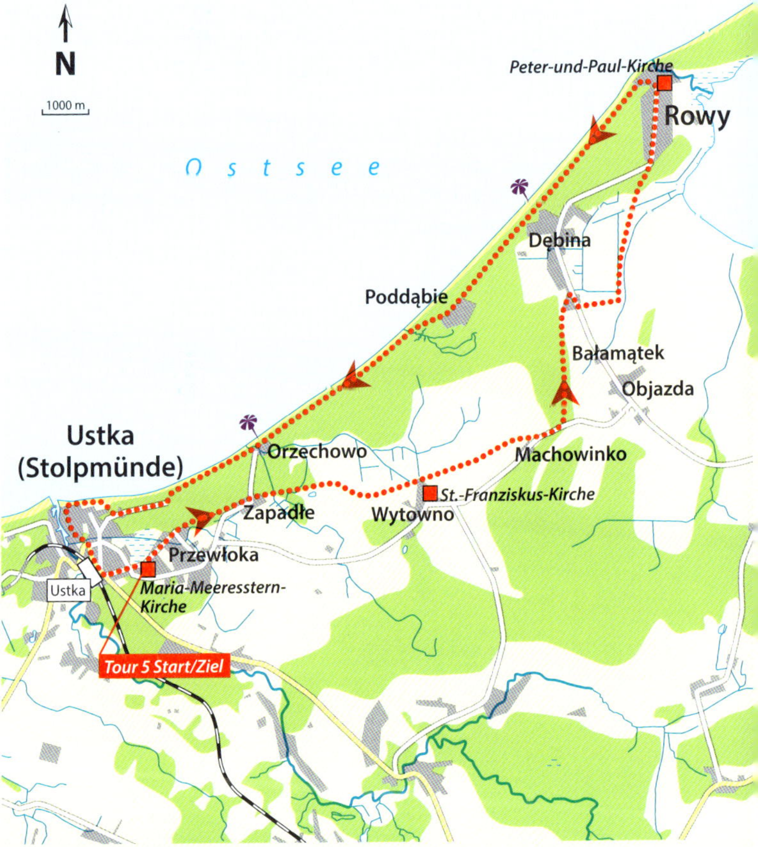

Słupsk (Stolp)

Klein-Paris nannte man Stolp vor dem Krieg. Hier war Wohlstand, hier war Kultur und das Leben ein Fest. Das rund 20 Kilometer von der Küste entfernte Städtchen lohnt auch heute einen Abstecher.

Mitte des 19. Jahrhunderts entstehen in Stolp zahlreiche Industriebetriebe: Möbelfabriken, Gießereien, Brauereien, Maschinenwerke. Der Wohlstand verändert das Stadtbild, stattliche Bürgerhäuser säumen nun die Straßen, die neuen städtischen Gebäude erhalten prächtige Fassaden. Man will ganz nach oben. Das bürgerliche Selbstbewusstsein scheint grenzenlos, man wohnt jetzt in Klein-Paris, wenn auch in Hinterpommern.

Zum berühmtesten Sohn Stolps wird der erste deutsche Generalpostmeister **Heinrich von Stephan** (1831–1897): Der vollbärtige Herr gründet den Weltpostverein und erfindet die Postkarte. Und nicht minder stolz ist man bald auf den „Stolper Jungchen", den besten Käse im Deutschen Reich.

Zerstörung & Wiederaufbau

Im März 1945 ergibt sich die Stadt nahezu kampflos. Die sowjetischen Truppen brennen größere Teile trotzdem nieder. Zwar wird nach dem Krieg wieder aufgebaut, doch zu Beginn des 21. Jahrhunderts herrschen in der nun 100 000 Einwohner zählenden Stadt Tristesse pur und eine Arbeitslosigkeit von bis zu 20 Prozent. Doch Słupsk hat sich wieder aufgerappelt und präsentiert sich heute mit renovierten Gebäuden, gepflegten Grünanlagen und schönen Cafés.

In zentraler Lage steht das **Rathaus.** Das neugotische Klinkergebäude mit 60 Meter hohem Turm wurde 1901 fertiggestellt. Gegenüber öffnete einst das **Neue Tor** ***(Nowa Brama)*** den westlichen Zugang zur Stadt. Dem gedrungenen, spätgotischen Bau vom Ende des 14. Jahrhunderts hat man

Das rote Rathaus von Stolp steht mitten im Zentrum

um 1650 einen zierlichen Barockhelm aufgesetzt. Heute kann man hier in einer **Galerie für zeitgenössische Kunst** kaschubische Keramik, Kunsthandwerk und Schmuck kaufen.

Hinter dem Turm führt die ul. Nowobramska zur **Marienkirche *(Kościół N. P. Marii)*,** einem mächtigen Ziegelbau aus dem 14. Jahrhundert. Die al. Sienkiewicza ist dagegen von eleganten Häusern aus der Zeit um 1900 geprägt. Auf beiden Straßenseiten lohnt ein Blick nach oben: Die mit Erkern, Säulen, Mansarden und Risaliten reich verzierten **Fassaden** überraschen durch schöne Details.

Nördlich der Marienkirche erstreckt sich der **Alte Markt *(Stary Rynek)*.** Neben fünfstöckigen Plattenbauten finden sich einige barock und klassizistisch gestaltete Bürgerhäuser aus dem 18. und 19. Jahrhundert. Südlich davon ist in Flussnahe ein kleiner Abschnitt der mittelalterlichen **Stadtmauer** erhalten. Hier, an der ul. Francesco Nullo, stößt man auch auf den **Hexenturm *(Baszta Czarownic)*.** Zwischen 1410 und 1415 erbaut, wurde die Bastei im 17. Jahrhundert zum Gefängnis für Frauen. Die Hexenprozesse endeten regelmäßig mit dem Scheiterhaufen. Die letzte Hinrichtung fand 1701 statt, dann war der Spuk vorbei.

Slowinzische Kultur & Pommernresidenz

Die nahe **Schlossmühle *(Młyn Zamkowy)*** aus dem Jahre 1310 zählt zu den ältesten Industriegebäuden Polens. Die grundlegende Renovierung vor einigen Jahren gab dem Ziegelbau wieder das Erscheinungsbild der Renaissancezeit. In drei Räumen ist hier eine **Dauerausstellung zur slowinzischen Volkskultur in Mittelpommern** zu sehen. Gleich neben der Mühle steht das herzogliche **Greifenschloss.** Stolp war fast 200 Jahre Residenz pommerscher Herzöge. Mit dem Bau wurde 1507 gotisch begonnen, 80 Jahre später erfolgte die Umgestaltung im Renaissancestil. Das Schloss ist heute Sitz des hochinteressanten **Mittelpommernmuseums *(Muzeum Pomorza Środkowego)*** mit Dokumenten zur Stadtgeschichte. Den zweiten Stock nimmt die Dauerausstellung mit Werken des berühmten polnischen Malers **Stanisław Ignazy Witkiewicz,** genannt Witkacy (1885–1939) ein. Das Museum besitzt die größte Sammlung der Pastellmalerei dieses experimentierfreudigen Künstlers.

Ul. Dominikańska 5–9 |
www.muzeum.slupsk.pl

Galerie im mittelalterlichen Neuen Tor

Touristeninformation
Im Stadtzentrum.
Ul. Starzyńskiego 8 |
www.turystycznyslupsk.pl

Dolina Charlotty Resort & Spa
Komfortables, elegantes Familienhotel, die Zimmer sind mit handgefertigten Möbeln eingerichtet. Ringsum große Anlage auf einer Lichtung im Buchenwald mit See, Insel, Restaurant, Café, Robbenstelle, Reitschule, Zoo, Spielplatz. Jährlich im Juli findet im 10 000 Besucher fassenden Amphitheater das Rock Legends' Festival statt. Da tauchen dann schon mal Weltstars wie Carlos Santana, Billy Idol oder Bob Dylan höchstpersönlich auf.
Strzelinko 14 (an der Straße 21 zwischen Słupsk und Ustka) |
Tel. (59) 847 43 00 |
www.dolinacharlotty.pl | €€–€€€

Karczma Pod Kluką
In einem alten Fachwerkgebäude in Richtung Łeba: Regionale Küche, kaschubische Gerichte. Auch Hotel.
Ul. Kaszubska 22 |
Tel. (59) 842 34 69 |
www.podkluka.pl | €€

Anna de Croy
Gute regionale Gerichte, serviert unter dem mittelalterlichen Gewölbe des Schlosskellers.
Ul. Dominikańska 5 |
Tel. (59) 848 16 50 |
www.annadecroy.pl

Hinkommen

Zug: Intercity-Verbindungen von Danzig und Stettin
Bus: Direktverbindung aus Koszalin, Ustka, Leba, Rowy und Smołdzino

Strand bei Jaroslawiec

Jarosławiec (Jershöft) & Wicie (Vitte)

Bereits 1865 wurde Jershöft eins der ersten preußischen Ostseebäder. Das Wahrzeichen der kleinen Siedlung, die im Sommer zum beliebten Badeort wird, ist der Leuchtturm nah an der steilen Kliffküste.

Bei **Jarosławiec** buckelt sich die Küstenlinie in einem langen Bogen in Ostrichtung. Die Strömung, Wind und Wellen raubten im Verlauf der Jahrhunderte große Teile der Uferdünen und schufen eine spektakuläre, mehr als 20 Meter hohe **Kliffküste,** von der man eine tolle Aussicht übers Baltische Meer hat. Erst Anfang der 1990er-Jahre konnten durch schützenden Beton die Naturgewalten am weiteren Vordringen gehindert werden. Für den Ostseeraum eher untypische, bis zu 40 Meter hohe Schwarzkiefern stabilisieren außerdem den Uferbereich. Auf dem recht schmalen Strand wechseln sich Sand- und Kieselstrecken ab. Breitere Strandabschnitte liegen Im Westen in Richtung Darłówko.

Westlich des Ortes zieht sich der Strand kilometerweit bis nach **Wicie** (Vitte), einem kleinen Badeort an Ostsee und Vitter See. Der **kulinarische Weg** durch Wicie *(kulinarny ślak po Wiciu)* verbindet sechs Lokale, die traditionelle Fischgerichte aus lokalem Fang anbieten.

Auf dem Weg nach Jarosławiec passiert man mehrere Dörfer, in denen große, von allen Seiten mit Gebäuden umschlossene **Vierseithöfe** auffallen, die den Eindruck kleiner Festungen vermitteln, zum Beispiel in dem interessanten Bauerndorf **Barzowice (Barzwitz).** Hier steigt der Moränenzug bis auf stolze 72 Meter an. Von diesem **Barzwitzer Berg** *(Barzowicka Góra)* schweift der Blick über Getreidefelder bis zur Ostsee.

Leuchtturm Jarosławiec ***(Latarnia Morska)***
Atemberaubender Panoramablick aus 33 Metern Höhe.
Ul. Szkolna 1 |
Juli/Aug. 10–20, Mai/Juni/Sep. bis 17 Uhr

Hotel Król Plaza Spa
Strandnähe, familienfreundlicher Wellness- und Spabereich, Hallenbad, Spielplatz. Restaurant mit traditioneller polnischer Küche.
Ul. Bałtycka 16 | Tel. 60 91 00 20 |
www.krolplazaspa.pl | €€

Wilk Morski
Auf dem Teller frischer Fisch und vor Augen das Meer. Herrliche Sommerterrasse direkt am hohen Kliff.
Ul. Nadmorska 26 | Tel. 606 57 55 95 | €€

Bernsteinmuseum
Privates Museum mit zahlreichen Bernstein-Exponaten, darunter auch solche mit Einschlüssen prähistorischer Lebewesen.
Ul. Nadmorska 1b |
www.muzeumbursztynu.pl

Radtour
Jarosławiec und Darłówko verbindet ein schöner Abschnitt des internationalen Radwegs EuroVelo 10. Man fährt 16 Kilometer immer in Meeresnähe und passiert auch die schmale Nehrung am Vitter See *(Jez. Kopań)* (▸ Seite 136).

Hinkommen

Busverbindungen von Ustka und Darłowo

Von Darłowo nach Kołobrzeg

Darłowo (Rügenwalde)

Die im Krieg weitgehend unzerstörte „königliche Stadt" Darłowo (Rügenwalde) schmiegt sich an die Ufer der Wieprza (Wipper). Der mittelalterliche Ortskern mit Schloss, Backsteinkirche, Wehrmauern und Stadttor hat die Jahrhunderte bestens überstanden.

Auch wer noch nie in diesem netten 14 000-Einwohner-Ort weilte, kennt ihn vielleicht mit seinem deutschen Namen aus der Fernsehwerbung oder aus dem Supermarkt: Tatsächlich führt das deutsche Lebensmittelunternehmen mit der roten Mühle im Logo die Fleischerei des Carl Müller aus Rügenwalde (gegr. 1834) fort, die hier nach 1945 aufgegeben werden musste. Die Rügenwalder Teewurst war ab 1874 eine Spezialität Pommerns und weit darüber hinaus in aller Munde. Heute wird sie in den örtlichen Metzgereien in ähnlicher Geschmacksrichtung als *metka bawarska* (bayerische Mettwurst) verkauft.

Der Name des Landstädtchens geht auf die Fürsten von Rügen zurück, zu deren Besitz es von 1270 bis 1312 gehört. Danach erhält Rügenwalde das lübische Stadtrecht und tritt 1365 dem Hansebund bei. Kurz zuvor – im Jahre 1347 – wird der Ort für rund 300 Jahre zum Sitz der pommerschen Herzöge. Als Tuchmacherstadt besitzt Rügenwalde im 17. Jahrhundert einen guten Ruf. Wohlstand zieht ein, als der preußische König Friedrich II. den Hafen im 18. Jahrhundert erheblich ausbauen lässt. Der Hafenort **Rügenwaldermünde,** heute **Darłówko** (▸ Seite 135), zählt im 19. Jahrhundert zu den wichtigsten Häfen Pommerns. Hier entsteht das erste preußische Seebad, die offizielle Einweihung findet bereits 1814 statt.

Das Schloss

Direkt am Ufer der Wipper thront das wehrhafte **Herzogsschloss** 1. Der mächtige gotische Bau stammt aus dem 14. Jahrhundert und ist die einzige (fast vollständig) erhaltene Burganlage Pommerns. In der ehemaligen Residenz der pommerschen Herzöge erblickte 1382 ein Knabe namens Boguslaw das Licht der Welt. Als ihn seine königliche Tante Margarete adoptiert, wird der 15-jährige Jüngling zu Erik I., Monarch von Dänemark, Schweden und Norwegen. Wenig beliebt bei seinen Untertanen sowie seinen skandinavischen Nebenbuhlern um die Macht werden ihm zwischen 1439 und 1442 nacheinander alle Königswürden wieder entzogen. Karriere macht Erik daraufhin als Chef einer Seeräuberbasis auf Gotland. Mit seinen zusammengescheffelten Schätzen zieht der „letzte Ostsee-Wikinger" nach 12-jähriger Beutetätigkeit zurück aufs Schloss seiner Kindheit und verbringt dort mit „seinem zügellosen Weibe in Faulheit" (Chronist) seinen Lebensabend. Als Reminiszenz an ihren berühmtesten Sohn entschließen sich die Ratsherren von Darłowo 1998 den werbewirksamen Zusatz „königliche Stadt" in das städtische Statut aufzunehmen.

Höchst interessant ist der Besuch des **Regionalmuseums** im Schloss

◂ *Am Fischerhafen von Darłówko gibt es täglich frischen Fisch*

(Muzeum Książąt Pomorskich). Die ständigen Ausstellungen zeigen in drei Stockwerken sakrale Kunstwerke aus Pommern, Möbel von der Renaissance bis zum Neobarock, Kunsthandwerkerzeugnisse und Möbel aus dem Biedermeier sowie Völkerkundliches aus der Region. Bei der Schlossführung wandeln Sie auf den Spuren der Greifenherzöge durch die mittelalterlichen Säle, die Schlosskapelle und die finsteren Kellergewölbe.

Ul. Zamkowa 4 | www.muzeumdarlowo.pl | tgl. 10–18, Okt.–Apr. Di–So 10–16 Uhr

Die Altstadt

Sie ist in ihrem Kern schachbrettartig angelegt. Die Gebäude in der Fußgängerzone, ul. Ponstańców Warszawy, lassen erkennen, dass dies einst die vornehmste Wohnstraße war. Zum Teil stammen die Häuser noch aus dem 18. und 19. Jahrhundert. Am nördlichen Ende dieser Straße steht das **Steintor** ***(Brama Wysoka)*** 2 aus dem 14. Jahrhundert, ein Überbleibsel der mittelalterlichen Stadtbefestigung. Von dort sind es nur wenige Schritte bis zum Friedhof mit der **Gertrudenkapelle** ***(Kościół św. Gertrudy)*** 3. Das architektonische Kleinod aus dem 15. Jahrhundert soll von König Erik gestiftet worden sein. Ungewöhnlich sind das zwölfeckige Pyramidendach und die ebenfalls zwölfeckige Umfassungsmauer.

Das mittelalterliche Herzogsschloss

Am überraschend großen quadratischen **Marktplatz** ***(pl. T. Kościuszki)*** haben sich mehrere barocke Bürgerhäuser erhalten, ebenso das **Rathaus** 4 aus dem Jahre 1725. Dahinter ragt der Turm der gotischen **Marienkirche** ***(Kościół Farny N.P. Marii)*** 5 60 Meter in die Höhe. Die dreischiffige Basilika entstand im späten 14. Jahrhundert. Beachtenswert sind ihr Sterngewölbe und das Fächergewölbe in der Sakristei. Doch die meisten Besucher lenken ihre Schritte schnurstracks in die Seitenkapelle unter dem Kirchturm, denn hier hat König Erik seine letzte Ruhestätte gefunden. Ihm zur Seite stehen die Sarkophage der Herzoginnen Elisabeth und Jadwiga (Hedwig).

Die Mitte des schön renovierten Marktplatzes schmückt seit 1919 der Hansa- oder **Fischerbrunnen, *Fontanna Rybaka*.** Schließlich hat das Meer seit jeher das Leben des Ortes geprägt. Doch vom Fischfang allein lebt hier heute kaum noch einer. Und während an den Sommerabenden der Brunnen und die historischen Gebäude am fast menschenleeren Platz stimmungsvoll angestrahlt werden, tummeln sich tausende Touristen am gerade mal drei Kilometer entfernten Badeort Darłówko.

Darłówko (Rügenwaldermünde)

Das älteste preußische Seebad konnte sich trotz des Sommertrubels weitgehend den Charme eines Fischerdorfes erhalten. Geschätzt wird es wegen seines Mikroklimas, seiner Dünen und seiner beiden überaus feinsandigen Strände. Ein breiter Gürtel von Kiefern reicht bis an den weitläufigen Strand östlich der Mündung. Er ist besonders für Familien mit Kindern zu empfehlen, da hier die steinernen Wellenbrecher kleine, seichte Lagunen entstehen ließen. Der ruhigere Strand westlich des Flusses ist dagegen schmal und der Sand teilweise mit Kieseln vermischt. Er ist für Wassersport geeignet.

Die schönsten Plätzchen des Seebads befinden sich am Hafen nahe der Wipper-Mündung, wo eine Schiebebrücke für Fußgänger und Radler (nicht für Autos!) die Ufer zwischen dem Ostteil *(Wschodnie)* und dem Westteil *(Zachodnie)* des Badeortes verbindet. Am Ost-Kai des kleinen Hafens liegen **Ausflugs- und Piratenschiffe,** die im Sommer zu halbstündigen Fahrten aufs Meer ablegen, am West-Kai die Fischerboote, wo die Fischer aus dem Kutter frischen Fisch anbieten. Einen guten Überblick bietet der 22 Meter hohe und 1885 erbaute **Leuchtturm** am Hafeneingang.

Von Juni bis Oktober pendelt zwischen beiden Orten auf der Wipper regelmäßig eine Wasserstraßenbahn, die *tramwaj wodny*.

Praktische Tipps

Hinkommen

Zug: von Sławno an der Hauptstrecke Danzig – Stettin 5 mal tgl.
Bus: Regelmäßige Verbindungen von Słupsk, Koszalin und Ustka.
Bus- und Zugbahnhof liegen im Südwesten der Stadt.

In den Sommermonaten pendeln regelmäßig die Wassertaxis „Tristan" und „Isolde" auf der Wipper zwischen Darłowo und Darłówko.

Gut zu wissen

Touristeninformation
Mitten in der Altstadt
Ul. Pocztowa 6 | Tel. 519 30 30 32 | www.darlot.pl

Gut gebettet

Gościniec Zamkowy
In Darłowo: Historisches Fachwerkgebäude von 1740. Schöne Lage in Schlossnähe. Geschmackvoll eingerichtete Gästezimmer. Exzellente polnische Küche, regionales Bier. Schöne Gartenterrasse am Fluss.
Ul. Marii Curie-Skłodowskiek 23 | Tel. 601 43 10 33 | www.zamkowy.pl | €€

Spa Lidia
In Darłówko (Westteil): Familien- und Kurhotel in Strandnähe, man hört das Meer rauschen. Kinderfreundlich mit Spielplatz und riesigem Spielzimmer. Zimmer mit Balkon. Sauna, Innenpool mit Kinderbereichen, Jacuzzi, Solarium, bewachter Parkplatz. Das Restaurant bietet sehr schmackhafte Fisch- und Grillgerichte, Kinderteller. Abwechslungsreiches Frühstücksbuffet.
Ul. Dorszowa 3 | Tel. (94) 314 30 38 | www.hotel-lidia.pl | €€–€€€

Von Suppe bis Torte

Smażalnia Ryb Atol
In Darłówko (Ostteil): Kleines rustikales Restaurant am Hafen: Beste Fischgerichte, große Salatauswahl.
Ul. Conrada 22a | Tel. 509 536 102

Am Fischerkai
In Darłówko (Westteil): Fischbratereien, Räucherfisch, frischer Fisch direkt aus den hier liegenden Kuttern.
Ul. Kotwiczna

Aktiv & sportlich

Schiffsausflüge
Im Hafen (Ostseite) legen in der Hauptsaison stündlich Piraten- und Ausflugsschiffe aufs offene Meer ab.

Radtour von Darłówko nach Jarosławiec (16 km)
Eine breite Trasse des internationalen Radwegs EuroVelo 10 (R 10) mit festem Belag verbindet die beiden Seebäder. Man fährt immer in Meeresnähe. Besonders malerisch ist der Abschnitt auf der schmalen Nehrung am Vitter See *(Jez. Kopań)*.

Wasserpark Jan (Park Wodny Jan)
In Darłówko (Ostteil): Moderner Badepark mit beheizten Meerwasserbecken, Wellnessbereich, Saunen, Turbo-Rutschen und Kinderbecken.
ul. Północna 14 | www.parkwodny.net | Mi–Fr 15–20, Sa/So 12–20 Uhr

Freizeitpark Leonardia
Wenige Kilometer östlich der Stadt in Richtung Borzyszkowiec. Analog und draußen kann sich hier Jung und Alt unter anderem an rund 100 großen Brettspielen aus aller Welt erfreuen.
Krupy 3 | www.leonardia.pl | Mai–Sep. tgl. 9–19 Uhr

Familien- und kinderfreundlich mit flachem Ufer: der Strand von Darłówko

Dąbki (Neuwasser) & Łazy (Lasse)

Das ehemalige Fischerdorf Neuwasser ist Polens jüngster Kurort, die Anerkennung bekam das Seebad 2009 aufgrund seiner idealen Klimaverhältnisse und der außergewöhnlich jodhaltigen Luft.

Auch der Badebetrieb begann spät, erst nach 1945. Zuvor lebte der Ort jahrhundertelang ausschließlich vom Fischfang. Geradezu idyllisch ist seine Lage zwischen der Ostsee und dem **Buckower See** ***(Jez. Bukowo),*** eine neun Kilometer lange Nehrung trennt die beiden Gewässer. Der Strandsee ist bei Seglern und Windsurfern für seine hervorragenden Windverhältnisse berühmt. Westlich des sehr überschaubaren Ortskerns mit einigen Geschäften, Sommerbuden, Pensionen und Ferienheimen erstreckt sich ein naturbelassener, breiter und flach abfallender **Strand.** Er ist gut mit dem Fahrrad zu erreichen. Der Ost-Strand ist rund 30 Meter breit. Ein Fahrrad- und Wanderweg (Fernwanderweg E9, rote Markierung) führt auf der Nehrung zum benachbarten Seebad Łazy (11 Kilometer).

Łazy liegt ebenfalls auf einer Nehrung, zwischen Ostsee und **Jamunder See** ***(Jez. Jamno).*** Auch in diesem kleinen Seebad mit seinem obligatorischen sommerlichen Budenzauber ist der Strand naturbelassen. Die heutige, bis zu 500 Meter breite Nehrung bildete noch vor rund 500 Jahren eine Bucht der Ostsee. Später riegelten Sandwälle diese Bucht ab und ein Süßwassersee entstand.

Nahe Łazy gibt es eine Wasserverbindung zwischen dem Jamunder See und dem Meer – ein beliebter Standplatz für Küstenfischer (Dorsch, Aale) mit ihren langen Angelruten. Der wunderschöne, breite **Sandstrand** erhebt sich hier zu ansehnlichen Dünenwällen. Dieser Durchbruch, *Nurt Jamneński* genannt, entstand 1690 bei einem gewaltigen Sturm, während gleichzeitig der Verbindungskanal weiter westlich völlig versandete. Damit war dann die 300-jährige Geschichte Köslins (Koszalin) als Hafenstadt beendet. Im 14. Jahrhundert war die Stadt in den Besitz des Jamunder Sees gelangt und hatte sich am geschützten Seeufer ihren Hafen gebaut. Heute schaukeln auf dem von Schilf umsäumten See Fischerkähne und der Wind bläht an den Sommertagen die Segel unzähliger Jollen.

Dworek Osiecki
Restaurierter pommerscher Gutshof mit familiärer Atmosphäre. Eingebettet in eine große Parkanlage, viel Natur und viel Ruhe abseits der Touristenströme. Direkt am Jamunder See, 3 Kilometer südlich vom kleinen Seebad Łazy und 13 Kilometer nordöstlich der Stadt Koszalin. Eine alte, beeindruckende Lindenallee in Kutschenbreite säumt die Zufahrt zum Anwesen, das 1924 im typischen pommerschen Fachwerkstil erbaut wurde. Übernachtungsmöglichkeiten gibt es außerdem im Kleinen Gutshaus und im Hostel Koral. Das Restaurant bietet ausgezeichnete regionale Küche. Sommerterrasse. Die heutige Besitzerfamilie Jasińcy führt mit Open-Air-Sessions für Maler die bedeutende Kunsttradition des Ortes fort, die Osiecki zwischen 1963 und 1981 in ganz Polen bekannt machte.
Ul. Parkowa 42 | Osiecki 52 |
Tel. (94) 318 58 29 |
www.dworekosiecki.pl | €–€€

Hinkommen

Regelmäßige Busverbindungen mit Koszalin

Koszalin (Köslin)

Wie die meisten der im Krieg fast vollständig zerstörten Pommernstädte strotzt auch Koszalin auf den ersten Blick nicht gerade vor Sehenswürdigkeiten. Die Urlauber hier sind meist auf der Durchreise an die nahe Küste oder nach Danzig.

In der weiteren Umgebung von Koszalin fallen zahlreiche große, rote Backsteingehöfte auf. Obwohl sie teilweise stark verfallen sind, demonstrieren sie noch immer den einstigen Wohlstand der pommerschen Kartoffeljunker im 19. Jahrhundert. Bis zur großen Verwaltungsreform von 1999 war Koszalin die Hauptstadt der „Kartoffelwoiwodschaft", die dann in den Verwaltungsraum Westpommern eingegliedert wurde. Industrielles und kulturelles Zentrum der Region ist die knapp 110 000 Einwohner zählende Stadt aber geblieben.

Rechts und links der auffallend breiten Durchgangsstraßen herrscht fast nur Plattenbaueinöde. Die Schachbrettstruktur des Straßennetzes bekam Köslin bereits nach der verheerenden Feuersbrunst von 1718. Der preußische „Soldatenkönig" Friedrich Wilhelm I. liebte nun mal das Überschaubare und große Plätze sowie breite Trassen waren fürs Marschieren und Exerzieren einfach gut geeignet.

Am weiten Marktplatz *(Rynek)* steht das 1962 erbaute **Rathaus.** Ihm gegenüber erhebt sich die spätgotische **Marienkirche** ***(Kościół N.P. Marii)***, mit deren Bau im Jahre 1300 begonnen wurde. Seit 1972 ist St. Marien Kathedrale der neueingerichteten Diözese Koszalin-Kołobrzeg. Ihre Or-

Aus sozialistischer Zeit: das Rathaus von Koszalin

gel von 1899 mit 50 Registern ist die beste Konzertorgel der Region und jährlich finden im Sommer in der Kirche Konzerte statt. Von der 57 Meter hohen Aussichtsplattform des wuchtigen Turmes blickt man bis zum Jamunder See und bis zur Ostsee. Zur nicht mehr sehr üppigen Innenausstattung der Kirche gehören ein gotisches Taufbecken (13. Jahrhundert), einige Holzfiguren vom früheren Hochaltar aus dem Jahre 1512 sowie ein wertvolles Kruzifix (14. Jahrhundert) aus der ehemaligen mittelalterlichen Kapelle vom nahen 137 Meter hohen **Gollenberg *(Góra Chełmska)*.** Um auf die große Bedeutung dieser Kapelle als Marienheiligtum und bei der Christianisierung Pommerns hinzuweisen, begann Papst Johannes Paul II. seinen Polenbesuch 1991 in Koszalin. Gleich danach hat man auf den erhaltenen alten Kapellenfundamenten ein neues Sanktuarium errichtet. Auf der höchsten Kuppe des Berges steht ein **Aussichtsturm.**

Im Norden der Altstadt ist im sogenannten Müllerpalast *(Pałac Młynarza)* einer alten Mühle das **Regionalmuseum *(Muzeum Regionalne)*** eingerichtet. Es zeigt Kunst vom Mittelalter bis zum Jugendstil.

Daneben stehen ein Fischerhäuschen und weitere Gebäude, die zum **Freilichtmuseum der Jamunder Kultur** gehören. Noch bis in das 20. Jahrhundert hinein hatten die Bewohner des abgeschiedenen Landstrichs um den Jamunder See ihre Sitten und Bräuche bewahrt.

Touristeninformation
In der Nähe des Bahnhofs
Ul. Dworcowa 11/15 | Tel. (94) 346 24 60 | www.it-pomorze.pl

Bernsteinpalast
(Bursztynowy Pałac)
Der vollständig restaurierte Palastkomplex gehörte einst der pommerschen Adelsfamilie Kameke. Beide Gebäude stammen aus dem späten

19. Jahrhundert und liegen an einem kleinen See inmitten einer Parkanlage aus dem 18. Jahrhundert. 67 Zimmer und 3 Suiten mit zum Teil hohem Standard. Schwimmbad, Fitnessraum, Wellness- & Spa-Programme, Sauna.
In Strzekęcino (Streckenthin), 10 km südlich von Koszalin | Tel. (94) 316 12 27 | www.bursztynowypalac.pl | €€€

Hinkommen

Zug: Knotenpunkt der Polnischen Staatsbahn. Hier verlaufen die Bahnlinien von Stargard nach Danzig und von Goleniów nach Koszalin.
Bus: Im Liniennetz von FlixBus. Die umliegenden Seebäder Mielno und Unieście, Chłopy und Sarbinowo sind von hier mit dem Bus gut zu erreichen.

Bootsverleih am Jamunder See

Mielno (Großmöllen), Unieście (Nest) & Chłopy (Bauerhufen)

Auch die traditionsreichen Seebäder Mielno und Unieście liegen auf einer Nehrung und haben daher eine vorzügliche Wasserlage: Auf der einen Seite rauschen die Ostseewellen, auf der anderen Seite ist der seichte Jamunder See *(Jez. Jamno)* vor allem ein sehr beliebtes Angelrevier.

In diesem mit üppigem Schilfrohr umwachsenen Strandsee tummeln sich unter anderem Hechte, Aale, Barsche, Zander und Rotaugen (Auskunft über Angelscheine in der Touristinformation). Es gibt am Stadtufer des Sees auch einen kleinen Jachthafen mit Bootsverleih. Zu einstündigen Seerundfahrten startet im Sommer der Ausflugsdampfer Mila am Anleger in der ul. Chrobrego 32, während Kitesurfer die besonderen Windverhältnisse und Strömungen auf der Meeresseite nutzen.

Schnurgerade und ellenlang führt die ul. Chrobrego durch den Ortskern. Im Sommer reiht sich da eine touristische Verkaufsbude an die andere. Die drei Kilometer lange **Strandpromenade** verbindet die beiden Seebäder und zählt zu den attraktivsten an der polnischen Küste. An ihrem westlichen Ende geht sie rechtwinklig in die wunderbare Allee ul. 1 Maja über. Hier ist an der typischen **Bäderarchitektur** der prächtigen Strandvillen und Sommerhäuser aus der vorletzten Jahrhundertwende leicht zu erkennen, dass der ehemalige preußische Badeort eine lange Kurtradition besitzt. Berühmt und heilsam sind die **Moorbäder** der knapp 5000 Ein-

Blick über die Nehrung bei Mielno

wohner zählenden Ortschaft, die sich während der Hauptsaison mit mehreren Zehntausend Gästen in eine Kleinstadt verwandelt. Mittlerweile kann Mielno aber auch außerhalb der Hochsaison Tages- und Wochenendgäste begrüßen. Und in den kalten Monaten treffen sich hier traditionell und regelmäßig sonntags kühne Eisschwimmer, um sich in die eiskalten Fluten der Ostsee zu stürzen. Mielno gilt als die „Welthauptstadt der Eisbader". Den sogenannten „Walrössern" hat die Stadt mittlerweile ein eigenes Denkmal gesetzt, ein bronzenes Walross direkt auf dem Sandstrand.

Längst ist das Seebad mit dem östlich gelegenen ehemaligen Fischerdorf **Unieście** zusammengewachsen. Ein breiter, mit alten Kiefern bewachsener, hoher Dünenstreifen schützt die Ortschaft mit ihrem schönen Fischereihafen vor den starken Herbst- und Winterstürmen. Einst lag hier der Hafen von Köslin, dem heutigen Koszalin.

Spaziert man hier östlich weiter am Strand entlang, kommt man nach einigen Kilometern zum **Seebad Łazy** (▸ Seite 137). Auf diesem herrlichen Küstenstreifen sind die Strände auch im Sommer meist recht leer, ebenso wie die Strände westlich von Mielno in Richtung **Chłopy.**

Dieser kleine Badeort mit seinen rund 250 Einwohnern ist von hohen Dünen und größeren Waldflächen umgeben. Das hübsche Dorf besitzt eine **Seebrücke** und mehrere denkmalgeschützte **Fischerhäuser im Fachwerkstil** aus dem 19. Jahrhundert. Malerisch liegen die bunten Kutter am Sandstrand, früh morgens verkaufen die Fischer ihren Fang direkt von den Booten – oder geräuchert am Strandzugang.

Touristinformation
An der Hauptverkehrsstraße.
Ul. Lechitów 23 |
www.cit.mielno.pl

Dworek Morski

Sehr gepflegtes Hotel in Toplage nahe Jamunder See, 400 Meter zum Meer. Abwechslungsreiches Frühstück. Pool, Sauna, Kinderspielplatz, freundlicher Service.

Ul. Orła Białego 2 | Mielno |
Tel. 600 97 11 12 |
www.dworekmorski.pl | €€

Kuchenka polska

Sehr nettes Restaurant mit leckerer, polnischer Küche. Verwendet werden regionale Produkte in Bioqualität. Das Bier stammt aus einer benachbarten Brauerei.

Ul. Nadbrzeżna 12/3 | Mielno |
Tel. 505 08 56 27 | €€

Smażalnia Barkas

Familiäre Fischbräterei mit Sommerterrasse direkt am Strand von Unieście. Fisch gibt's frisch aus dem Kutter, *ryby prosto z kutra*. Der Koch empfiehlt: Fischsuppe, Lachs-Tartar, Fischgerichte aus Pfanne und Ofen.

Ul. Rybacka 10 | Unieście | €–€€

via Tipp **Hortulus-Gärten**

Für Familien mit Kindern: Schaugartenkomplexe „Hortulus Themengarten" und "Hortulus Spectabilis". Da gibt es viel Natur zu bestaunen: Fernöstliches Flair im Japanischen Garten, warme Farbenpracht im mediterranen Garten, Sinnesgärten, Gaudi-Garten, Waldgarten, Kräutergarten sowie Europas größtes begehbares Buchsbaumlabyrinth.

In Dobrzyca, ca. 12 km südwestlich von Mielno | Dobrzyca 76 |
www.hortulus.com.pl

Hinkommen

Regelmäßige Busverbindungen von Koszalin und Kolberg

Sarbinowo (Sorenbohm) & Gąski (Funkenhagen)

Das heutige Mini-Seebad Sarbinowo lag vor wenigen Jahrhunderten noch um die eineinhalb Kilometer von der Küste entfernt. Heftig nagten Meer und Wind Jahr um Jahr am ungeschützten Küstensaum.

Heute erstreckt sich Sarbinowo über gut zwei Kilometer direkt am Meer. Mitten im Dorf steht die neugotische Kirche von 1856, ihr achteckiger Turm ragt über die Dünenlandschaft und die dahinter liegenden Felder und Wiesen hinaus. Im Jahre 1910 – der Fremdenverkehr hatte gerade an Bedeutung gewonnen – begann man den westlichen Teil Sorenbohms mit einer langen Beton- und Steinmauer vor der drohenden Vernichtung durch die Ostsee zu schützen. Sie bildet seitdem die schmale Strandpromenade mit Cafés, Fischbuden, Eisdielen und Souvenirläden.

Der östliche Küstenabschnitt des Seebads wird ganz natürlich von bewaldeten Dünen gesichert. Die Sommerurlauber sind hier überwiegend polnische Familien mit Kindern. Ein ruhiges und atmosphärisch sehr angenehmes Seebad.

Im westlichen Nachbardorf **Gąski** steht ein weiterer Kiek ins Land: Vom exakt 50,2 Meter hohen **Leuchtturm** aus dem Jahre 1876 bietet sich ein herrlicher Über- und Weitblick über die Küste und das ländliche Umland.

Hinkommen

Regelmäßige Busverbindungen von Kolberg, Koszalin und Ustronie Morskie.

Ustronie Morskie (Henkenhagen)

Das traditionsreiche Seebad mit rund 2 000 Einwohnern liegt reizvoll direkt an einer 15 Meter hohen Steilküste. An seine Hochzeit erinnern noch zahlreiche historische Gebäude.

Auffallend viele Holzbuhnen schützen die Uferregion vor Sandabspülungen. Auf dem im Ort vergleichsweise schmalen Strand stehen Fischerboote, zwei hölzerne Molen führen ins Meer hinaus – eine mit Bar und Restaurant. Auf den hohen Sandklippen hinter dem Strand führt die Promenade, gesäumt von Cafés und Geschäften, an der steilen Kante entlang.

Im Hochsommer herrscht zwar Hochbetrieb, aber kein Massenandrang. Der anerkannte Kurort präsentiert sich fast familiär. Mittlerweile sind hier neben einfacheren Pensionen und Ferienwohnungen auch einige Komforthotels mit Spa- und Wellness-Abteilungen entstanden. Gewundene Gassen, mit Bäumen bestandene Wege führen zu den Stränden und zum (noch) wunderbar unmodernisierten kleinen Fischereihafen mit seinen Fischläden, Bratfischbuden, Terrassen mit Meerblick und seinen alten Räucheröfen. Eine Treppe führt zum Strand hinunter.

Touristeninformation
In Strandnähe.
Ul. Osiedlowa 2b | Tel. (94) 351 41 75 | www.ustronie-morskie.pl

Pension Fenix Spa
Familiengeführte Pension mit gepflegten und funktional ausgestatteten 15 Zimmern, Wellnessbereich,

Seebad Ustronie Morskie: Treppe zum Strand

Saunen, Hallenbad. Etwa 400 Meter zum Strand. Halbpension möglich. Garten, Kinderspielplatz. Privatparkplätze am Haus.
Ul. Kolejowa 34 | Tel. (94) 351 55 55 | €€

Kuchnia Polska
Gute, altpolnische Küche. Sonnenterrasse, Strandnähe. Familiäre Atmosphäre, Kinderspielplatz.
Ul. Okrzei 2d | Tel. (94) 509 57 22 11

Przystań Rybacka
Fischtaverne und Räucherei am kleinen Fischereihafen, Selbstbedienung und Sommerbetrieb. Liegt auf einer sandigen, bewaldeten Anhöhe. Meerblick von der Terrasse, unten schmaler Sandstrand. Im Angebot: Dorsch, Heilbutt, Zander, Flunder, Forelle. Alles „frisch aus dem Kutter" ist auf einem großen Schild zu lesen. Das ist zumindest ein bisschen geflunkert. Ein paar bunte Kutter gibt es noch, aber auch hier ist die Zahl der ansässigen Fischer rapide gesunken.
Ul. Rybacka (Fischereihafen)

Skansen Chleba
Brotbackmuseum in einem Reetdachhaus an der Hauptstraße nach Kolberg, Schaubäckerei, Bioladen.
Ul. Kołobrzeska 9 | Tel. (94) 351 94 00 | www.salaweselna-ustroniemorskie.pl | Di–So 9.30–18 Uhr

Westernpark – Indianerwelt
Indianermuseum, Westernstraße mit Bühne für Stunt-Shows, Minizoo, Indianerhindernisbahn.
Ul. Kolejowa 108 | www.nowywesternpark.pl

Hinkommen

Zug: mehrmals täglich von Kolberg und Koszalin

Idyllisches Strandplätzchen östlich von Ustronie Morskie

Dominant: der Kolberger Leuchtturm mit Panoramaterrasse

Kołobrzeg (Kolberg)

Die mit rund 47 000 Einwohnern größte Küstenstadt Hinterpommerns liegt an der Mündung der Parsęta (Persante) in die Ostsee. Kołobrzeg (in etwa ausgesprochen ko uob tscheg) ist heute Polens größter und beliebtester Kurort. Dementsprechend vielfältig sind die Ferien- und Kurangebote. Im Sommer pulsiert das Leben vor allem an der mehrere Kilometer langen Strandpromenade östlich des markanten Leuchtturms.

Das Kurbad heute

Die Kurmetropole an der südlichen Ostseeküste besitzt alles, was ein international anerkanntes Seebad heute braucht: einen herrlichen, langen Strand, gesunde Seeluft und sauberes Wasser, eine quirlige Promenade zum Flanieren, einen weitläufigen Kurpark, moderne und komfortable Spa- und Wellnesstempel, auch ein breites Kulturangebot, nicht zuletzt Rad- und Wanderwege in der Stadt und in der nahen Umgebung. Zudem kann die alte Hansestadt auf eine ereignisreiche und mehr als tausendjährige Geschichte zurückblicken.

Vor allem touristisch ist das Seebad im letzten Jahrzehnt immens aufgeblüht. Mit finanziellen Mitteln aus dem Topf für regionale Entwicklung der Europäischen Union konnte die Hafenstadt seit dem EU-Beitritt Polens 2004 zahlreiche infrastrukturelle und touristische Projekte verwirklichen. Dazu gehören das neue Radwegenetz, Strandzugänge, Promenaden- und Parkwege, Einrichtungen des Fischerei- und Passagierhafens sowie der modernen Marina, Brücken über die Persante und Zufahrtsstraßen in die Stadt. Darüberhinaus entstanden in diesen Jahren zahlreiche neue Kurhotels, Kurkliniken, Sanatorien, Pensionen, Ferienapartments in allen Preisklassen, auch etliche exzellente Restaurants, gemütliche Cafés und Pubs. Und Kolberg hat sichtlich noch mehr vor: Man will zur internationalen Kur- und Kulturstadt aufsteigen. Die natürlichen Voraussetzungen dafür sind gegeben. Mit sprudelnden **Solequellen** und dem berühmten heilsamen Kolberger Mikroklima, einem milden Reizklima mit salzhaltiger Ostseeluft, im Verein mit den modernen Wellnessanlagen lässt sich sicher so manches Zipperlein beheben. Behandelt werden unter anderem Atemwegs- und Kreislauferkrankungen, Allergien, Stoffwechselprobleme und Rheumatismus.

Die neue Altstadt

Der Wiederaufbau der Innenstadt im historisierenden Stil – ähnlich den Gebäuden im Berliner Nikolaiviertel – begann erst nach 1985. Er orientierte sich strikt an dem aus der Hansezeit vorgegebenen mittelalterlichen Grundriss der Altstadt und ist im Großen und Ganzen gelungen. So entstand die neue Altstadt, die *Nowa Starówka*. In den 1990er-Jahren begann man damit, Straßenzüge in der Nähe der Marienkirche mit Häusern neu zu gestalten, die zumindest annähernd an die alte architektonische Tradition der Stadt erinnern. Geglückt ist die Rekonstruktion vor allem in der leicht geschwungenen ul. Dubois mit ihren zahlreichen Geschäften, Boutiquen und Cafés.

Gotisch monumental: der Mariendom

Kolberger Dom 1

Das gotische Gotteshaus dominiert mit eindrucksvoller Monumentalität und einer Höhe von 74 Metern das alte Zentrum Kolbergs. Vermutlich wurde um 1300 mit dem Bau der Pfarrkirche begonnen. Im März 1945 stürzte das fast 20 Meter hohe Gewölbe des Hauptschiffes während der Schlacht um die Festung Kolberg ein und die gesamte Kirche brannte aus. Nur die Außenmauern blieben stehen. Dabei wurden wertvolle Kirchenexponate zerstört.

Der Wiederaufbau des Doms begann 1974, nachdem die Ruine der katholischen Kirche übereignet worden war. Im Jahre 1986 erhob Papst Johannes Paul II. den Kolberger Dom in den Rang einer Basilika minor. Das ist ein Ehrentitel für katholische Kirchen mit bestimmten liturgischen Privilegien. Die Stützpfeiler im Mittelschiff sind deutlich aus dem Lot geraten, das aber schon seit dem 15. Jahrhundert, als sich der Kirchenboden über dem moorigen Untergrund um pisaverdächtige 60 Zentimeter senkte.

Zu den interessantesten Ausstattungsstücken des Domes gehört

Rekonstruierte Häuserzeile in der Kolberger Altstadt

die sogenannte **Schlieffenkrone,** ein von der reichen Kaufmannsfamilie Schlieffen gestifteter und kunstvoll geschnitzter hölzerner Leuchter von 1523. Er hängt im Mittelschiff. Das älteste in der Kirche erhaltene Kunstwerk ist der vier Meter hohe siebenarmige **Bronzeleuchter** von 1327. Das **Denkmal** vor der Kirche zeigt den deutschen Kaiser Otto III. und den späteren polnischen König Bolesław Chobry. Es erinnert an die Bistumsgründung im Jahre 1000, an die gemeinsamen christlichen Wurzeln der beiden Nachbarländer und die 1000-jährige gemeinsame europäische Geschichte.

Altes Rathaus 2

Nur wenige Schritte vom Mariendom entfernt steht ein weiteres rotes Backsteingebäude, das Alte Rathaus. Sein zinnenbewehrtes Äußeres mit dem großen Uhrturm in der Mitte und fünf kleineren Ecktürmchen erinnert an eine mittelalterliche Burg. Es entstand 1832 nach Plänen des preußischen Stararchitekten **Karl Friedrich Schinkel.** Das zweistöckige Gebäude im Stil des neugotischen Historismus wird von den rekonstruierten Altstadthäusern flankiert und ist von einer Fußgängerzone umgeben. Es beherbergt im Erdgeschoss das Touristenbüro und eine Galerie für moderne Kunst. Vor dem Rathaus, wo zu deutscher Zeit ein Denkmal des preußischen Königs Friedrich Wilhelm III. stand, liegt heute eine große, 1,5 Tonnen schwere Kugel, die den Erdball symbolisiert, auf Wasser. Ein Kunstwerk, das sich zum Spielen eignet: Die Kugel kann trotz ihres enormen Gewichts locker mit einer Hand gedreht werden.

Braunschweigsches Haus 3

Der vornehme Palast im Empirestil steht nur einen Steinwurf vom Mariendom und vom Alten Rathaus entfernt. Namensgeber und Besitzer dieses schmucken und frisch renovierten Hauses ist die Familie Braunschweig, die seit dem 13. Jahrhundert in Kolberg mit dem Salzhandel reich geworden ist. Bemerkenswerte Ausschmückungen der Räume und die klassizistische Fassade erinnern noch an die Hochzeit dieser Residenz. Im Obergeschoss befand sich der prächtige Bankettsaal, in dem sich die Seeleute trafen. Seit 1977 ist hier das **Stadtmuseum** zu Hause, eine Dependance des Waffenmuseums *(Muzeum Oręża Polskiego w Kołobrzegu - Oddział Historii Miasta)*. Militärisches wird in den drei Sälen nicht gezeigt, dafür interessante Exponate aus fast allen Zeiten der Stadtentwicklung.

ul. Armii Krajowej 13 |
www.muzeum.kolobrzeg.pl |
tgl. 9–16 Uhr, Sep.–Apr. So geschlossen

Kur- & Hafenviertel

Das Kurviertel und der Hafen prägen das maritime Bild Kolbergs. Nahe der Persantemündung in die Ostsee besitzt die Stadt einen geschützten **Naturhafen,** der im 19. Jahrhundert stark ausgebaut wurde. Heute sieht man dort neben Kriegs- und einigen Handelsschiffen vor allem Fischerboote, Jachten und die touristischen **Piratenkoggen.** Über 500 Meter ragt die östliche und begehbare der beiden Hafenmolen ins Baltische Meer, um den Mündungsbereich vor der Versandung zu schützen. Richtung Osten erstreckt sich über mehrere Kilometer der außerordentlich feinkörnige **Sandstrand** mit zahlreichen neugesetzten Buhnen, durch die der Kolberger Strand in den letzten Jahren gesichert und dadurch wieder erheblich verbreitert werden konnte. Gleich dahinter liegen die quirlige Promenade und das Kurviertel mit der weitläufigen Anlage des Żeromski-Kurparks.

Leuchtturm

Neben dem Mariendom und dem Alten Rathaus ist der bastionsartige Leuchtturm Kolbergs bekanntestes Wahrzeichen. Der dicke, 26 Meter hohe Backsteinturm thront zwischen Hafeneinfahrt und Strand auf den Grundmauern einer alten Verteidigungsanlage. Dieses Fort Münde genannte Militärobjekt entstand zwischen 1770 und 1774 nach französischem Vorbild. Der heutige Turm wurde aber – man glaubt es kaum – erst nach dem letzten Krieg errichtet. Von der Aussichtsplattform blickt man weit über Hafen, Mole und Strand. Ein kleines Mineralien- und Fossilienmuseum ist im Keller eingerichtet, hier kann man die schwerste Muschel Polens bewundern

Strandobelisk 4 & Seebrücke

Seit 1963 erinnert am Strand das bombastische nationale Denkmal der Vermählung Polens mit dem Meer an die Einnahme der Stadt durch sowjetische und polnische Truppen am 18. März 1945. Die restaurierte Kolberger Seebrücke, *molo,* ist nicht gerade eine Schönheit. Die 1973 erbaute Stahlbetonkonstruktion ragt immerhin 220 Meter in die See hinein und hat am Brückenkopf eine Bar. Am Abend hellblau beleuchtet sieht sie fast romantisch aus.

Maroden, aber würdevollen Charme längst vergangener, eleganter Mondänität versprüht die **historische Badeanstalt** rund 200 Meter östlich der Seebrücke. Das alte Familienbad auf dem Kolberger Strand wurde um 1925 mit einem hölzernen, lang gestreckten Umkleidetrakt auf dicken Pfählen errichtet.

Praktische Tipps

Hinkommen

Zug: Direktverbindungen u.a. von Stettin, Posen (Poznan) und Krakau. Von Misdroy und Swinemünde mit Umsteigen in Goleniów.
Bus: Linienbusse u.a. nach Ustronie Morskie (Henkenhagen), Dżwirzyno (Kolberger Deep) und Koszalin (Köslin).
Schiff: Fährverkehr auf die dänische Insel Bornholm, Mai–Okt., Fahrtdauer 4,5 Stunden
www.kzp.kolobrzeg.pl

Gut zu wissen

Touristeninformation
Im Alten Rathaus.
Plac. Ratuszowy 2 | Tel. (094) 354 72 20 | www.kolobrzeg.turystyka.pl

Info-Pavillon
Vor dem Bahnhof.
Ul. Dworcowa 1 | Tel. (094) 352 79 39

Gästeinformation Travel Netto
Stadtpläne, (Rad-)Wanderkarten, deutsche Reiseführer sowie die jodhaltige Kolberger Sole in der Literflasche.
Ul. Dubois 23 | Tel. 351 33 07 | www.travelnetto.de

Gut gebettet

Willa Maxymilian 1
Das elegante und hübsch im Bäderstil renovierte Kurhotel von 1906 liegt in einer ruhigen Seitenstraße zur Promenade. Kurze Wege führen zum Zentrum und zur Altstadt. Die Zimmer sind geschmackvoll eingerichtet und großzügig geschnitten. Zum Wellnessbereich gehören unter anderem Schwimmbad, Whirlpool und Sauna. Das Frühstücksbuffet ist

Der Leuchtturm ist das maritime Wahrzeichen Kolbergs

N
250 m
Seebrücke
Ausflugsschiffe
Bulwar J. Szymańskiego
4
Strandobelisk
Morska
Cicha
Towarowa
2
Cicha Przystań
Apartamenty Port
Obrońców Westerplatte
M. Rodziewiczówny
J. Słowackiego
Zdrojowa
A. Mickiewicza
Siedem Swiatów
2
Park
Teatralny
Spacerowa
Portowa
Bulwar Zacisze
Parsęta
Park im.
Jedności
Narodowej
Handelshafen
Most Portowy
Jachthafen
Salzinsel
(Wyspa Solna)
Stoczniowa
Łososiowa
Wiosenna
Solna
Bulwar nad Parsętą
Zygmuntowska
Fischereihafen
Kanał Drzewny
Bulwar im. Kotwicy Kołobrzeskiej
Bałtycka
Stadion
Miejski
J. Śliwińskiego
Jedności
Narodowej
Ppor. E. Łopu

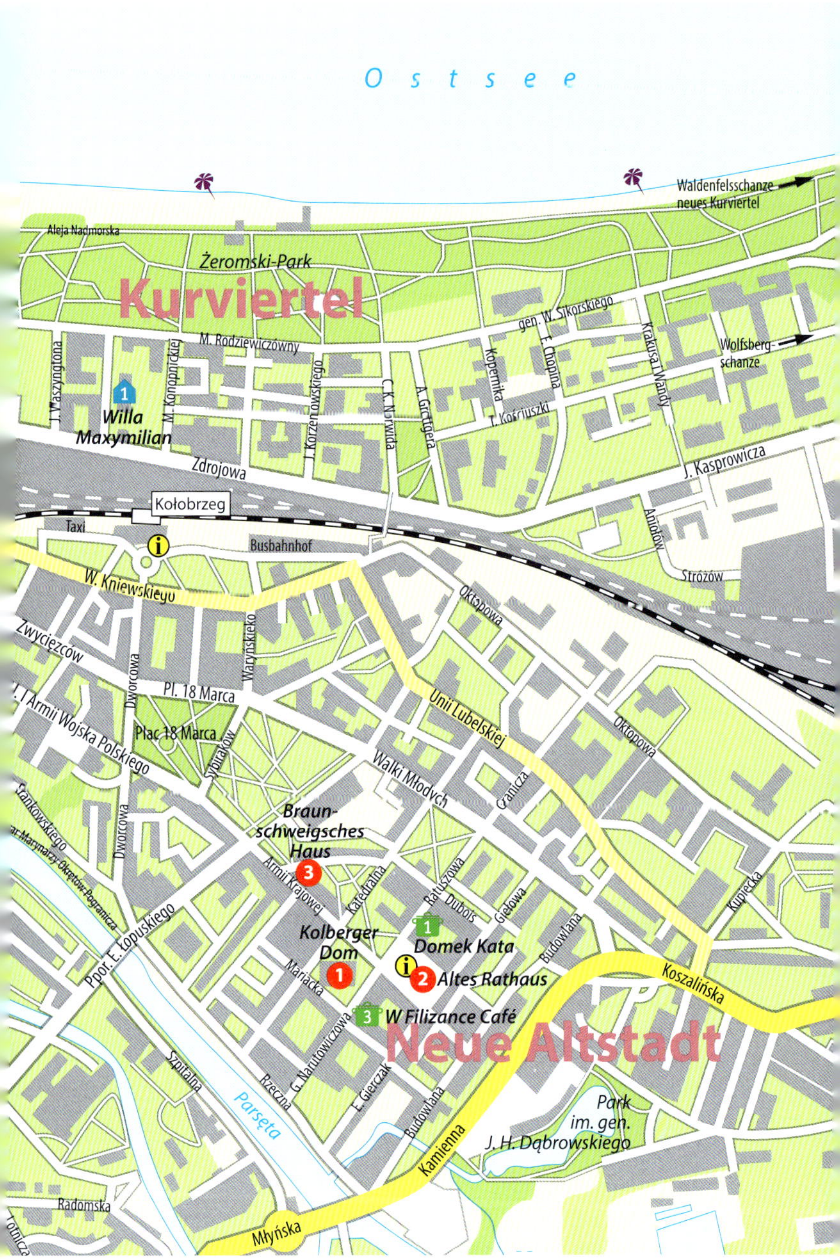
Ostsee
Waldenfelsschanze
neues Kurviertel
Aleja Nadmorska
Żeromski-Park
Kurviertel
gen. W. Sikorskiego
M. Rodziewiczówny
Wolfsberg-
schanze
J. Waszyngtona
M. Konopnickiej
Willa
Maxymilian
J. Korzeniowskiego
C. K. Norwida
A. Grottgera
Kopernika
F. Chopina
T. Kościuszki
Krakusa i Wandy
Zdrojowa
J. Kasprowicza
Kołobrzeg
Taxi
Busbahnhof
Aniołów
Stróżów
W. Kniewskiego
Oktopowa
Zwycięzców
Dworcowa
Waryńskiego
Pl. 18 Marca
Unii Lubelskiej
Plac 18 Marca
Sybiraków
I Armii Wojska Polskiego
Walki Młodych
Granicza
Braun-
schweigsches
Haus
Armii Krajowej
Katedralna
Ratuszowa
Dubois
Giełdowa
Budowlana
Kupiecka
Kolberger
Dom
Domek Kata
Altes Rathaus
Koszalińska
Mariacka
Ppor. E. Łopuskiego
Marynarzy Okrętów Pogranicza
W Filiżance Café
Neue Altstadt
G. Narutowiczowa
Szpitalna
Rzeczna
E. Gierczak
Parsęta
Park
im. gen.
J. H. Dąbrowskiego
Kamienna
Radomska
Młyńska

Prächtig geschmücktes Ausflugsschiff

umfangreich, sehr abewechslungsreich und überaus schmackhaft. Insgesamt herrscht ein sehr gutes Preis-Leistungs-Verhältnis, der Service ist zuvorkommend. Parkplatz hinter dem Haus.

Ul. Borzymowskiego 3–4 | Tel. (94) 354 00 12 | www.hotel-maxymilian.pl | €€

Cicha Przystań Apartamenty Port 2

Die sauberen, funktional eingerichteten Ferienwohnungen liegen sehr zentral in der Nähe des Leuchtturms, rund 300 Meter sind es zum Strand. Alle Unterkünfte für zwei bis sechs Personen verfügen über Bad, eine voll ausgestattete Küchenzeile, kostenloses WLAN, Flachbild-TV, einige auch über einen Balkon. Bestens geeignet für Familien mit Kindern. Nette, hilfsbereite Besitzer.

Ul. Cicha 9 | www.booking.com | €–€€

Von Suppe bis Torte

Domek Kata (Henkerhäuschen) 1

Das dreistöckige, vielleicht beste und sicherlich eleganteste Restaurant des Seebads liegt nur wenige Schritte hinter Schinkels Altem Rathaus. Hier werden feine Fleisch-, Fisch- und Wildgerichte der gehobenen polnischen Kochkunst serviert. Es gibt auch mehrere sehr leckere Salatteller. Im Erdgeschoss befindet sich ein Café im Bistrostil, in der ersten Etage ein großer Speisesaal mit herrschaftlichem Ambiente in dunklem Holz, Stilmöbeln, Kristalllüstern, darüber liegt die Empore mit einigen Tischen und ein besonderer, rustikaler Raum für Festlichkeiten. Das Henkerhäuschen war ursprünglich das Gerichtsgebäude der Hafenstadt, das im Volksmund aus naheliegenden Gründen so genannt wurde. Vom ehemaligen Haus aus dem späten 17. Jahrhundert blieben allerdings nur die Fundamente. Das heutige Gebäude ist eine authentische Rekonstruktion, 2004 wurde das Restaurant eröffnet. Aufmerksame Bedienung, Reservierung sehr ratsam.

Ul. Ratuszowa 1 | Tel. (094) 354 66 35 | www.winogrona.pl | tgl. 10–24 Uhr | €€–€€€

Siedem Swiatów (Sieben Welten) 2

Das zweistöckige Restaurant befindet sich in einem schönen, frei stehenden Fachwerkgebäude am Bahnübergang zwischen dem Zentrum und dem Kurviertel. Originell: Es gibt sieben Bereiche (Welten) mit jeweils unterschiedlichem Einrichtungsstil. Den Gast erwartet in diesem urigen „Hexenhäuschen" ein großes Angebot an Wild- und Fischgerichten sowie mannigfache Salatteller, außerdem zahlreiche Frutti-di-

Mare-Gerichte und sieben Variationen gefüllter Teigtaschen (Piroggen), darunter Füllungen mit Lachsfilet, Garnelen oder Pilzen und Kohl. Alles ist frisch zubereitet. Für Vegetarier geeignet. Der Außenbereich ist windgeschützt.
Ul. Solna 1a | Tel. (094) 342 56 28 |
tgl. 11–22 Uhr | €€

W Filizance Café 3
Freundliche und liebevoll eingerichtete Kaffeestube nahe Mariendom, große Auswahl an Kaffeevariationen.
Ul. Narutowicza 11 | tgl. 9–22 Uhr

Aktiv & sportlich

Aquapark
Wenn der Wettergott grollt und den Strandaufenthalt vermiest, ist der Aquapark „Milenium" mit seinem Riesenangebot rund ums Wasser eine gute Alternative, darunter eine 84 Meter lange Wasserrutsche.
Ul. Łopuskiego 36/38 |
Tel. (094) 355 14 00 |
www.sport.kolobrzeg.pl | tgl. 6.30–22 Uhr

Oceanarium
Bunte Vielfalt an Fischen und anderen Meeresbewohnern.
Ul. Armii Polskiego 6c |
www.oceanarium.com.pl | tgl. 9–18 Uhr

Jachthafen
Am *Port Jachtowy* gibt es Angebote für Segeltörns auf der Ostsee und mehrtätiges Hochseeangeln, urige Hafenkneipe „Tawerna 1774" mit Sommerterrasse.
Ul. Warzelnicza 1 | Tel. (094) 354 43 01 |
www.arkcharter.pl

Leuchtturm
Beherbergt ein Mineralien- und Fossilienmuseum. Aussichtsplattform.
Tgl. 10–17 Uhr | Juli/August bis Sonnenuntergang

Schiffsausflüge
Mit Wikinger- und Piratenschiffen vom Kai am Leuchtturm aus.
Im Sommer mehrmals täglich, Dauer 30–45 Minuten | Karten vor Ort

Kaufen & stöbern

Bauernmarkt Targowisko
Frisches von den Bauern aus der Umgebung, von Apfel bis Zucchini. Auch frische Bio-Eier, wunderbaren Honig und Waldfruchtmarmeladen.
Kolejowa 3 (Straße 102, Platz an den Kreiseln am südlichen Ortseingang) |
Di und Fr morgens

Der bombastische Strandobelisk

Tour 6: Küstenradtour von Seebad zu Seebad

Der Radweg zwischen den Seebädern Kolberg und Ustronie Morskie (Henkenhagen) gehört landschaftlich sicherlich zu den reizvollsten Etappen an der polnischen Ostseeküste.

Die Tour startet und endet am **Kolberger Leuchtturm** an der Persantemündung. Der rot markierte Radweg E 9 führt von dort an der Promenade (Aleja Nadmorska) direkt am Strand entlang, der grün markierte Radweg R 10 („Bike the Baltic") führt vom Ausgangspunkt durch den Żeromski-Park. Beide Wege treffen sich bei Kamienny Szaniec (Waldenfelsschanze) und verlaufen auf asphaltiertem Grund bis Ustronie Morskie.

Fast durchweg hat man bei dieser Tour das Meer und den Strand im Blick. Badepausen sind eine willkommene Abwechslung. Den zentralen Kolberger Stadtstrand hat man vor einigen Jahren mit Buhnen geschützt und rekonstruiert. Wie früher ist er jetzt bis zu 100 Meter breit und zieht sich fast vier Kilometer bis zum neuen östlichen Bäderviertel mit mehreren Kur- und Wellness-Hotels. Unterwegs liegen die gastronomischen Knotenpunkte *Kamienny Szaniec* und *Mola Beach*. In diesem urigen Strandrestaurant werden in ungezwungener Atmosphäre sehr schmackhafte Fischgerichte serviert.

Weiter Richtung Osten wird der Sandstrand deutlich schmaler. An das Stadtgebiet schließt sich das Natur- und Vogelschutzgebiet **Ekopark** an, eine grandiose und ausgedehnte Salzmoorlandschaft mit brütenden Großvögeln, darunter Schwä-

ne und Kraniche. Tausende Zugvögel rasten in den Herbstmonaten in diesem Feuchtgebiet. Besonders beeindruckend ist der kleine Dammweg Na Grobli, der quer durch das Schutzgebiet verläuft. Östlich davon liegt der stillgelegte Militärflugplatz Kołobrzeg-Bagicz.

Die letzten Kilometer schlängelt sich der Radweg durch Mischwald, immer wieder gibt es schöne Meerblicke. Bei Ustronie Morskie, das zwischen den beiden Weltkriegen zu den beliebtesten Seebädern an der Ostseeküste gehörte, steigen die Stranddünen zur bis zu 15 Meter hohen **Steilküste** an. Der von vielen Cafés und Pubs gesäumte **Promenadenweg** verläuft zum Teil hoch über dem auch hier sehr feinkörnigen, doch schmalen Sandstrand. Zwei kleinere Seebrücken führen ins Meer, bunte Fischkutter liegen am Ufer. Hier an den Fischräucher-Buden sitzt man in der ersten Reihe direkt am Meer.

Charakteristik: Leichte Radtour auf asphaltierten Radwegen

Start: Kolberg

Ziel: Ustronie Morskie

Strecke: Leuchtturm Kolberg – Park Żeromskiego – Kamienny Szaniec – Mola Beach – Eko-Park – Ustronie Morskie und zurück

Entfernung: etwa 28 km hin und zurück

Dauer: knapp 2 Stunden reine Fahrzeit

Einkehrtipp: Fischräucher-Buden am Fischereihafen in Ustronie Morskie

Rückfahrt alternativ:
Es fahren mehrmals am Tag Züge von Ustronie Morskie nach Kołobrzeg

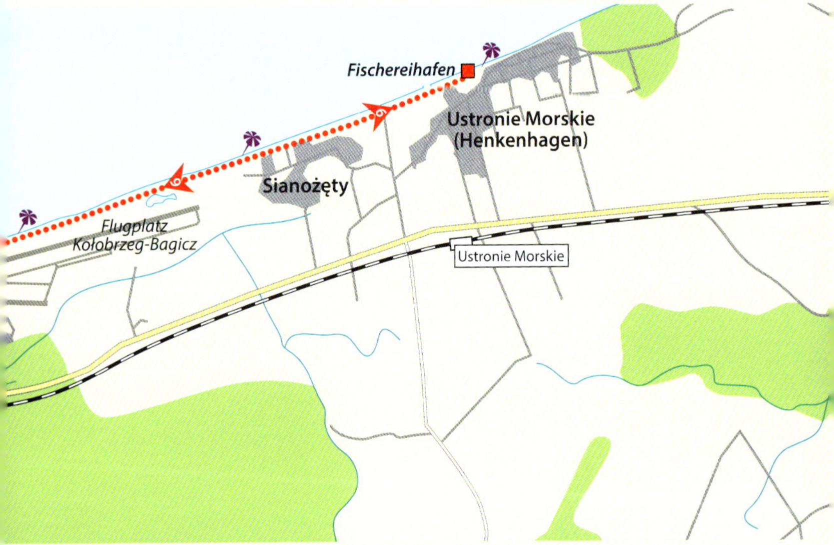

Reisepraktisches

▼ Aus der Vogelperspektive lässt sich die Ostseeküste natürlich am besten überblicken

Klima & Reisezeit

An der polnischen Ostseeküste herrscht weitgehend mildes, maritimes Klima mit kontinentalen Einflüssen. Am wärmsten sind die Sommerurlaubsmonate Juli und August, doch die Abende können auch zu dieser Zeit vergleichsweise kühl werden und es regnet relativ oft, wenn auch fast immer nur kurz. Regenfeste und warme Kleidung sollte daher im Urlaubsgepäck nicht fehlen. Die Ostsee erreicht vor August nur selten Wassertemperaturen über 20 Grad Celsius. Für einen ruhigen Ostseeurlaub mit Strandvergnügen ohne Massentourismus eignen sich die Monate Mai/Juni und September/Oktober am besten. Hier gibt es oft lange Schönwetterperioden. Auch für Wanderer, Radler und Naturfreunde – sowie Preisbewusste – ist dies die beste Reisezeit. In den größeren Seebädern boomt seit Jahren ein Weihnachts- und Silvestertourismus. Dann muss man sich auf Hochsaisonpreise einstellen.

Hinkommen

Mit der Bahn

Von Berlin Hauptbahnhof gibt es mittags eine EC-Direktverbindung nach Danzig, Fahrtdauer knapp 6 Stunden. Die Küstenorte erreicht man am besten über Stettin. Von dort gibt es Direktverbindungen nach Kołobrzeg, Koszalin, Słupsk, Gdynia und Danzig. Mit dem Zug erreichbar sind außerdem die Seebäder Darłowo, Ustka, Łeba und Władysławowo bzw. Hel.

Mit dem Bus

Von Berlin fahren Fernbusse (FlixBus) nach Danzig (9 Std.), Kołobrzeg, Koszalin oder Słupsk. Direktverbindungen nach Danzig sowie in einige polnische Seebäder oder nach Stettin (als Umsteigebahnhof) gibt es auch aus anderen deutschen Städten (z. B. mit *eurolines*).

Mit dem Auto

Mit dem PKW erreicht man die polnische Ostseeküste am günstigsten und schnellsten über Stettin.

Klimatabelle Danzig

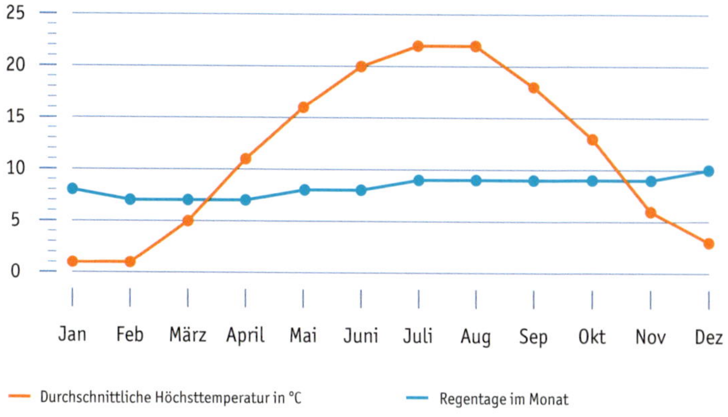

Von Berlin führt die A 11, von Lübeck die A 20 dorthin. Die Schnellstraße E 28/6 verbindet Stettin mit Danzig (ca. 350 km). Unterwegs gehen Woiwodschaftsstraßen zu den Seebädern ab.

Mit dem Flugzeug

Direktflüge nach Danzig u.a. von Dortmund, Lübeck, Köln/Bonn, Berlin, Frankfurt/Main, München.

Der **Lech-Wałęsa-Flughafen** liegt etwa zehn Kilometer westlich von Danzig, in Rębiechowo, Busverbindung zum Hauptbahnhof (Linie 210) und Bahnhof Danzig-Wrzeszcz (Linie 110).

www.airport.gdansk.pl

Unterwegs an der Küste

Mit der Bahn

Das Netz der staatlichen Eisenbahn (PKP) ist an der polnischen Küste nur unzureichend ausgebaut. Die Hauptstrecke der Züge verläuft von Stettin via Koszalin und Słupsk nach Danzig. Zubringer von der Hauptstrecke zur Küste gibt es nur in einige Ortschaften: nach Darłowo von Sławno, nach Ustka von Słupsk, nach Łeba von Lębork sowie nach Władysławowo/Halbinsel Hel von Gdynia. Die Tarife sind günstig, die Tickets bekommt man am Schalter und mit Aufschlag beim Schaffner.

Mit dem Bus

Sehr gut ausgebaut ist das Busnetz an der Küste. Zumindest in der Hauptsaison verkehren die Busse der staatlichen Busgesellschaft (PKS) zwischen den Seebädern mindestens stündlich, meist auch öfter. Die Busfahrten sind preislich sehr günstig, für 50 Kilometer bezahlt man etwa zwischen 3 und 4 Euro. Kinder bis vier Jahre reisen gratis, bis sieben Jahre mit 50 Prozent Rabatt. Bezahlt wird in der Regel direkt beim Fahrer oder am Terminal. Neben den PKS-Bussen verkehren vor allem in den Sommermonaten auch Busse kleinerer konkurrierender Privatfirmen.

Online-Info für Busfahrer

www.pks.pl
Busverbindungen und Online-Ticket-Verkauf.

Online-Info für Bahnfahrer

www.bahn.de
Zielorte in polnischer Schreibweise ohne Sonderzeichen eingeben!

www.rozklad-pkp.pl
Zugverbindungen, Angaben zu Fahrradmitnahme, barrierefreie Abteile, Erleichterungen für Mütter mit Kindern, auch auf Deutsch. Online-Tickets!

www.przewozyregionalne.pl
Regionale Zugverbindungen (auch Englisch), Online-Tickets!

jakdojade.pl (bei Google Play)
Mit öffentlichen Verkehrsmitteln von A nach B.

Mit dem Fahrrad

Die schönste Art, sich an der Küste fortzubewegen, ist das Radfahren. Zwischen Danzig und Kolberg gibt es zahlreiche Möglichkeiten, einige sind in den Touren beschrieben (▸ Seiten 114, 126, 154). Viele neue Radwege sind in den letzten Jahren gebaut worden, dazu gehört etwa die schöne Strecke zwischen

Die schönste Art der Fortbewegung

Darłówko und Jarosławiec (▶ Seite 136). Weitere sind in Planung. Zwischen Puck und Jastrzębia Góra im Nordosten Kaschubiens führt eine Tour durch den Darsluber Forst *(Puszczta Darżlubska)*, auch die Halbinsel Hel lässt sich wunderbar mit dem Fahrrad erkunden (▶ Seite 101). Der **Ostseeküsten-Radweg** ist in Polen als R10 ausgeschildert. Er verläuft meist auf Waldwegen oder ruhigen Nebenstraßen, aber auch an Stränden und Dünen entlang.

Mit dem Auto

Die Straßenverhältnisse sind im Küstenbereich mittlerweile fast durchweg gut. Es wurde in den letzten Jahren mit EU-Geldern viel in die Infrastruktur investiert. Man fährt in Küstennähe auf Woiwodschaftsstraßen, die in etwa mit kleineren deutschen Bundesstraßen zu vergleichen sind.

Übernachten

Urlaubern in den polnischen Ostseebädern steht mittlerweile ein riesiges Bettenangebot zur Verfügung. Die neueren Hotels besitzen durchweg guten mitteleuropäischen Standard. Angeboten werden auch immer mehr Zimmer in Luxushotels mit umfangreichen Wellness- und Spabereichen. Die polnischen Hotels sind nach dem internationalen Sternesystem klassifiziert und daher mit westeuropäischen Hotels vergleichbar. Für die Übernachtung in einem modernen 5-Sterne-Wellnesstempel in Kolberg oder Sopot bezahlt man durchschnittlich gut 30 Prozent weniger als in einem entsprechenden Hotel an der deutschen Ostseeküste. Dieser Preisunterschied gilt in etwa auch für die meisten Mittelklassehotels im 3-Sternebereich.

Außerdem gibt es an der polnischen im Gegensatz zur deutschen Ostseeküste noch reichlich strandnahe Unterkünfte mit einfacher, aber funktionaler Ausstattung in der Preisklasse 40–60 Euro (DZ, Hauptsaison). Es gibt auch preisgünstige, einfache Privatzimmer sowie zahlreiche strandnahe Campingplätze. Egal für welches Quartier Sie sich entscheiden, ob pauschal oder als Individualreisender, für die Monate Juli und August ist eine frühzeitige Buchung um die sechs Monate vor Reisebeginn unbedingt nötig.

In der Nebensaison wird mittlerweile verstärkt mit Rabatten um Gäste geworben. Nahezu alle Hotels, Pensionen und Apartments in den größeren Seebädern sind ganzjährig geöffnet, in den kleineren sind sie dagegen in den Wintermonaten oft geschlossen.

Mit Kindern

Mit Kindern durch das Land zu reisen ist vollkommen unproblematisch. Polen ist ein ausgesprochen familien- und kinderfreundliches Land und man findet viele interessante und preisgünstige Angebote für einen erholsamen und erlebnisreichen Familienurlaub – besonders am Meer.

Outdoor ...

Es gibt sicherlich keinen schöneren Abenteuerspielplatz als einen samtweichen Sandstrand. Und davon gibt es an der polnischen Ostseeküste wahrlich mehr als genug, in der Hochsaison mit Wasserrutschen, Hüpfburgen, Trampolinen ausgestattet. Die Uferbereiche sind fast überall kinderfreundlich flach.

Abenteuer und Attraktionen finden sich aber auch auf dem Wasser und in den Ortszentren sowie im Umland: Wikinger- und Piratenboote stechen etwa in den Seebädern Kolberg, Darłówko, Ustka und Sopot in See, Ausflugsdampfer pendeln in den Sommermonaten zwischen Danzig, Sopot, Gdynia und der Halbinsel Hel, Wassertrams fahren in Darłowo und Danzig. In Gdynia wurde der Dreimaster *Dar Pomorza* (▸ Seite 86) zum sehenswerten Museum, ebenso das Schiff *Sołdek* in Danzig (▸ Seite 70). Der Besuch der Robbenaufzuchtstation (Fokarium) im ehemaligen Fischerdorf Hel ist eines der Highlights der gleichnamigen Halbinsel (▸ Seite 99). Der Danziger Zoo (▸ Seite 68) liegt wunderschön eingebettet in einem großen Waldgebiet. Es gibt hier auch eine Bimmelbahn für weitere Wege, Kutschfahrten und Ponyausritte sowie Bistros. Spaß für die ganze Familie bieten auch die farbenfrohen Hortulus Gärten bei Mielno mit grünem Labyrinth, Garten der Sinne und vielen Naturentdeckungen (▸ Seite 142).

... und Indoor

Meerestiere gucken lässt sich bestens in Gdynia, Polens größtem Aquarium (▸ Seite 87): Zu sehen sind hier unter anderem Fliegende Fische, Haie, Piranhas. Der Aquapark in Sopot (▸ Seite 81) lockt die Besucher mit dem größten Whirlpool Polens, endlos langen Rutschen und künstlichen Wasserfällen. Weitere Aquaparks befinden sich in Kolberg, Jarosławiec und Darłówko. Lehrreiches Vergnügen erwartet größere Kinder im Wissenschaftszentrum Experiment von Gdynia (▸ Seite 87). Hier können Kinder selbständig Experimente durchführen und so spielerisch physikalische Phänomene entdecken.

Reiseinfo online

www.polnischeostseekueste.de
Geschichte Pommerns, Stadtführer, Restauranttipps.

www.campingpolska.com
Alles Wichtige rund ums Campen in Polen. Auch Links zu Wander-, Rad- und Busreisen.

www.gdansk.pl
Offizielles Webportal der Stadt: Was ist los in Danzig? – Wo essen? – Wo übernachten?

www.polish-online.com
Website eines Übersetzungsdiensts, aber mit umfassenden praktischen Tipps und vielen Information zu Regionen und Orten.

Wissenswertes von A–Z

Autofahren

Achtung: Seit 2007 muss das ganze Jahr über auch am Tage mit Abblendlicht gefahren werden!

Einkaufen

Beschränkt ist weiterhin zum Beispiel die Ausfuhr von Zigaretten (800 Zigaretten/Person) Alkohol (max. 10 l Spirituosen, 20 l Likörwein, 60 l Schaumwein, 90 l Wein und 110 l Bier) und Benzin (voller Tank plus 20 l im Reservekanister). Infos: www.zoll.de

Einreise

Seit die Republik Polen Ende 2007 dem Schengener Abkommen beigetreten ist, kann jeder Deutsche und jeder Pole die Grenze an beliebiger Stelle legal überqueren. Den Personalausweis sollte man selbstverständlich immer mit sich führen.

Geld

Das Zahlungsmittel in Polen ist der Złoty, abgekürzt zł, amtlich auch PLN. Ein Złoty entspricht 100 Groszy. Im Umlauf befinden sich Münzen mit dem Nennwert: 1, 2 und 5 Złoty sowie 1, 2, 5, 10, 20 und 50 Groszy. Banknoten sind zu 10, 20, 50, 100 und 200 Złoty im Umlauf. Der aktuelle Umtauschkurs steht im Internet unter: www.umrechner-euro.de

Wechselkurs (Stand Mai 2021):
1 Euro = ca. 4,40 Złoty
1 Złoty = ca. 0,23 Euro
10 Złoty = ca. 2,23 Euro

Bargeld in Euro können Sie in Wechselstuben (*kantor*) und an zahlreichen Hotelkassen (schlecht, da hohe Provision!) in polnische Złoty wechseln. Beim Umtausch in den Wechselstuben gilt: In Wechselstuben an den Touristenpfaden (zum Beispiel Strandpromenaden) ist der Kurs meist sehr schlecht, etwas abseits wechselt man meist weit günstiger! Es gibt außerdem flächendeckend Geldautomaten (*bankomaty*). Dort hat man zwei Optionen: Entweder man wählt den Garantiekurs (nicht empfehlenswert) oder den tagesaktuellen Wechselkurs (empfehlenswert, da etwa um 10 Prozent höher). Wegen der dabei anfallenden Gebühren durch die Hausbanken ist jedoch der Bargeldumtausch in den günstigen Wechselstuben vorteilhafter!

Handys

In Polen können deutsche Mobiltelefone überall problemlos genutzt werden. Seit 2017 entfallen auch in Polen die teuren Roaming-Gebühren für die Internetnutzung der Smartphones.

Kreditkarten

In den meisten Hotels und in vielen Restaurants, großen Geschäften, Reisebüros, Tankstellen und Flugvertretungen werden Kreditkarten akzeptiert. Die gängigsten sind Euro Card, VISA, American Express, Diners Club, Master sowie JCB. Bei Verlust oder Diebstahl Ihrer Kreditkarte: Der zentrale Sperr-Notruf ist 0049 (Vorwahl Deutschland) 11 61 16 (24 Stunden).

Kurtaxe

Die Touristensteuer beträgt in Kolberg und Sopot um die 4 Złoty pro Person und Tag, in den kleineren Seebädern entsprechend weniger. Kinder bis sieben Jahre sind meist davon befreit. Mit den Geldern werden die Pflege des Strandes und wichtige touristische Investitionen finanziert, wie der Bau neuer Fahrradwege. Die Kurtaxe ist jeweils am Ort der Unterkunft zu bezahlen.

Medizinische Versorgung

Medikamente bekommt man in den zahlreichen Apotheken (*apteka*). Sie haben Mo–Fr in der Regel von 9–19 Uhr und am Sa bis 14 Uhr geöffnet. Notfallapotheken haben rund um die Uhr geöffnet, ihr Standort ist stets an den Türen aller Apotheken ersichtlich. Notfälle werden in den polnischen Krankenhäusern sofort behandelt. Unter Umständen müssen Sie die Kosten zunächst in bar vorstrecken. Sie werden Ihnen aber von Ihrer deutschen gesetzlichen Krankenkasse nach der Rückkehr aus dem Urlaub zurückerstattet.

Notfallnummern

Polizei: 997
Notarzt: 999
Feuerwehr: 998
Pannenhilfe: 981
Touristen-Notruf: zur Hauptsaison (Juni–Sep.) (0048) 2 22 78 77 77 (vom Festnetz, gebührenfrei) und (0048) 6 08 59 99 99 (vom Handy oder Festanschluss, gebührenpflichtig)

Öffnungszeiten

Die meisten Geschäfte *(sklep)*, Banken und Wechselstuben sowie Postämter *(poczta)* haben Mo–Fr von 9–18 und Sa bis 14 Uhr geöffnet. Lebensmittelgeschäfte in den Seebädern in Strandnähe auch länger. Seit 2020 gilt aber ein generelles Verkaufsverbot an Sonntagen.

Sicherheit

Vorurteile halten sich bekanntlich hartnäckig. So mag man es vielleicht kaum glauben: Polen zählt zu den europäischen Ländern mit der niedrigsten Kriminalitätsrate! Wie üblich gilt natürlich auch in Polen besondere Vorsicht vor Taschendieben auf Bahnhöfen, Flughäfen, in Zügen und überall, wo Gedränge herrscht. Keinesfalls sollte man Wertgegenstände im Auto zurücklassen. Am besten benutzt man die in allen touristischen Ortschaften vorhandenen bewachten Parkplätze, *parkingi strzeżone*.

Tanken

An allen Tankstellen, *stacja benzynowa*, können Sie bleifreies Benzin tanken. Die entsprechenden Zapfsäulen sind mit einem durchgestrichenen Pb gekennzeichnet, Diesel mit ON *(Olej Napędowy)*. Man bekommt folgende Treibstoffe: 98E (Europlus: bleifrei, Oktanzahl 98), 95E (Eurosuper, bleifrei, Oktanzahl 95), ON: Diesel. Die Benzinpreise liegen im Durchschnitt um 15 bis 20 Prozent unter dem deutschen Preisniveau.

Trinkgeld

Das Trinkgeld *(napiwek)* sollte in den Restaurants für netten Service bei 8–10 Prozent liegen. Man gibt es entweder zusammen mit dem Rechnungsgeld, indem man aufrundet, oder separat.

Verständigung

Englische und deutsche Sprachkenntnisse sind in Polen mittlerweile weit verbreitet, besonders in den touristischen Zentren. Weder in den Unterkünften noch in den Restaurants gibt es gewöhnlich größere Sprachprobleme. Zudem sind die meisten Speisekarten dreisprachig: Polnisch, Deutsch und Englisch.

Vorwahlen

Von Polen nach Deutschland:
0049 (dann Ortsvorwahl ohne Null).
Von Deutschland nach Polen oder mit deutschem Handy innerhalb Polens:
0048 (dann Ortsvorwahl ohne Null).

Register

K

L

M

N

O

P

R

S

Kartenregister

Übersichtskarten

Ortspläne

Tourenkarten

Kartensymbole

- Sehenswürdigkeit beim Stadtspaziergang
- Tourist-Information
- Highlight
- Sehenswürdigkeit
- Strand
- Aussichtspunkt
- Parkplatz
- Kirche
- Leuchtturm
- Hafen
- Flugplatz
- Bahnhof
- Tram mit Haltestelle

Liebe Leserinnen und Leser,

alle Angaben in diesem Reiseführer sind gewissenhaft geprüft. Trotz gründlicher Recherche unserer Autorinnen und Autoren können sich manchmal Fehler einschleichen. Wir bitten um Verständnis, dass der Verlag dafür keine Haftung übernehmen kann. Über Hinweise, Berichtigungen und Ergänzungsvorschläge freuen wir uns jederzeit:

via reise verlag
Lehderstraße 16–19
13086 Berlin
E-mail: post@viareise.de
www.viareise.de

1. Auflage 2021

ISBN 978-3-945983-81-2

Text & Recherche
Wolfgang und Grażyna Kling

Redaktion
Nelly Möller

Layout & Gestaltung
Annelie Krupicka

Kartografie
Katharina Arlt, Annelie Krupicka

Druck
Druckhaus Sportflieger, Berlin

MIX
Papier aus verantwortungsvollen Quellen
FSC® C104586
www.fsc.org

Fotos
Wolfgang Kling, außer:
Adrian v. Allenstein/stock.adobe.com 14; Alex Green/stock.adobe.com 55; Andrea Niotta/Shutterstock.com 47; Andrey Shevchenko/stock.adobe.com 28; Arkadiusz Fajer/Shutterstock.com 21; aro49/stock.adobe.com 153; Artur Bogacki/stock.adobe.com 92; bodot/stock.adobe.com 75; Castigatio/stock.adobe.com 50; Curioso.Photography/stock.adobe.com 103; Curioso.Photography/Shutterstock.com 168 (Honig); Dariusz/stock.adobe.com 26; Dariusz Kula © Muzeum Gdańska 71; Dejan Gospodarek/stock.adobe.com 34/35; fotofreakdgy/stock.adobe.com 48; Fotokon/stock.adobe.com 4 unten, 97; Fotokon/Shutterstock.com 147; gemeinfrei 23, 63, 66, 149; golovianko/stock.adobe.com 52; Grzegorz Wdowiak/stock.adobe.com 99; Janusz Lipiński/stock.adobe.com 106; jarek106/stock.adobe.com 51, 91; kavalenkau/Shutterstock.com 64; kite_rin/stock.adobe.com 54; konradkerker/stock.adobe.com 141; Lux/stock.adobe.com 59; Maja/stock.adobe.com 29; Martyn Jandula/Shutterstock.com 139; M. G. Koperkiewicz/stock.adobe.com 146; Nightman 1965/Shutterstock.com 46; pab_map/stock.adobe.com 42; Patryk Kosmider/stock.adobe.com 25; Patryk Kosmider/Shutterstock.com 39; Paulina/stock.adobe.com 98; PLRANG ArturFurmanek/stock.adobe.com 87; pkazmierczak/stock.adobe.com 5 oben, 145; Polnisches Fremdenverkehrsamt 4 oben, 10, 15, 17, 33, 45, 49, 53, 57, 77, 85, 88/89, 96, 108, 122, 123, 124, 156/157; stepmar/stock.adobe.com 13, 128; Tupungato/Shutterstock.com 30; VisitGdansk 56, 67, 69; vivoo/stock.adobe.com 74, 105

Umschlag vorn
Neptunbrunnen in Danzig
(Tomasz Warszewski/stock.adobe.com)

Umschlag hinten
Ostsee-Steilküste in Jastrzębia Góra (Habichtsberg)
Thomas Ioannes/stock.adobe.com

Pommern zum Mitnehmen

Bernstein

Danzig ist für die Herstellung hochwertiger Schmuckstücke aus Bernstein berühmt. Den schönsten, hochwertigsten, aber auch teuersten Bernsteinschmuck bekommt man in der Frauengasse und am Langen Markt.

ul. Mariacka und Długi Targ | Gdańsk

Delikatessen aus Pommern

Besonders lecker schmecken kaschubischer Honig, kaschubischer Hering, Waldfruchtmarmeladen und getrocknete Pilze, angeboten auf Wochenmärkten oder in Hofläden.

Wochenmärkte zum Beispiel in Sopot und Kołobrzeg (▸ Seite 31) oder Delikatessgeschäft Klasztorne Smaki | Ul. Swiętego Ducha 37/39 | Gdańsk

Kaschubische Keramik

Kaschubien ist berühmt für seine Handwerkskunst, insbesondere für Stickereien und traditionell bemalte Keramik. Das traditionsreiche Familienunternehmen Necel hat in Chmielno Werkstatt, Museum und Laden. (▸ Seite 107)

Ul. Gryfa Pomorskiego 63 | Chmielno | www.necel.pl

„Kuhbonbons" aus Ustka

Die handgefertigten *Krówki Usteckie* mit verschiedenen Geschmacksrichtungen sind in der Region bei Jung und Alt gleichermaßen beliebt. Die süßen Versuchungen gibt es in Ustka im Café Mistral (▸ Seite 124).

Café Mistral | Ul. Kaszubska 9 | Ustka | www.cafemistral.ustka.pl